DICCIONARIO
DE TERMINOS PARA
COMPUTACION

INGLES- ESPAÑOL

D1041392

Yoselem G. Divincenzo

BABEL BOOKS, INC.

New York

For information:

Babel Books, Inc.

93-64 204th St.

Hollis, NY 11423

Tel: (718)464-1734

E-mail: babelbooks@verizon.net

Website: http://www.babelbooksinc.com

ISBN 13: 978-0-9800127-6-7

ISBN 10: 0-9800127-6-7

Printed in the United States of America

INDICE

"Tu Futuro Depende De Las Ganas y El Empeño,

De Lo Que Te Propongas Ahora"

Yoselem G. Divincenzo

PROLOGO

Este Diccionario de Términos para Computación Inglés- Español; fue creado ante la alta necesidad que las personas de habla Hispana tienen; debido a que el lenguaje Universal de las Computadoras e Internet es prácticamente en el idioma Inglés.

Esta guía puede ser utilizada tanto por niños o adultos.

El vocabulario elegido está actualizado a las necesidades informaticas de este tiempo aportantdo una rápida y concisa referencia. También están icluidas las Siglas mas comunes.

Yoselem G. Divincenzo

New York

July 10th, 2010

ABREVIACIONES

(m) Masculino

(f) Femenido

(adj) Adjetivo

(adv) Adverbio

(v) Verbo

A

@ Arroba Símbolo que separa el nombre del usuario del nombre de su proveedor de correo electrónico.

A (ampere) amperio.

A to D (Analog to Digital) Analógico a digital

A/B Switch Interruptor A/B

A/D converter convertidor analógico-digital.

AAAS (American Association for the Advancement of Science) Asociación Americana para el Progreso de la Ciencia.

AANSI Standards *(m)* Normas ANSI.

ABA (American Bankers Association) Asociación de Banqueros Americanos.

ABEND (Abnormal End) Terminación anormal, abortar.

aberration *(f)* Aberración.

ability *(f)* Capacidad.

ABL (Atlas Basic Language) Lenguaje Básico Atlas.

abnormal end (f) Finalización anormal

abnormal use *(f)* Utilización anormal.

abort *(v)* Cancelar, anular, abortar, interrumpir, abandonar.

absolute address *(f)* Dirección absoluta.

absolute value *(m)* Valor absoluto.

absolute zero *(m)* Cero absoluto.

absorption *(m)* Absorción.

abstraction *(m)* Abstracción.

AC (Alternating Current) Corriente alterna

AC- Powered *(adj)* Alimentado por Corriente Alterna.

AC- Register *(m)* Registro AC.

ACC (Accumulator)Acumulador ACC

accelerated graphics port *(f)* Puerta de Gráficos Acelerada.

acceleration networks *(f/pl)* Redes de aceleración.

accelerator *(f./m./adj.)* Acelerador/a.

accelerator board *(f)* Tarjeta aceleradora.

accelerator keys *(f)* Teclas.

accentuation *(f)* Acentuación.

acceptance test *(m)* Prueba de aceptación.

access *(m)* Acceso; *(v)* Acceder.

access card *(f)* Tarjeta de acceso.

access code *(m./adj.)* Código de acceso.

access control *(m./adj.)* Control de acceso.

access direct *(adj)* acceso directo

access hole *(m)* Agujero de acceso.

access key *(m)* Tecla de acceso.

access menu *(m./adj.)* Menú de acceso.

access time *(m./adj.)* Tiempo de acceso.

account *(f)* Cuenta.

accumulator *(m)* Acumulador.

Accuracy *(f./adv)* Exactitud, Precisión.

ACE (Automatic Computing Engine) Máquina de cálculo automático.

acess right *(m./adj.)* Derecho de acceso.

achieve *(v)* Archivar, guardar.

ACIA (Asynchronous Communications Interface Addapter) Adaptador para Interfaz de Comunicaciones Asíncronas.

ACK (aknowledge) Reconocimiento.

acknowledgement *(m)* Acuso de recibo, reconocimiento, *(f)* Señal de respuesta, confirmación.

ACL (Appliance Computer Language) Lenguaje de utilización en computadora.

ACM (Association for Computing Machinery) Asociación de máquinas computadoras.

acoustic coupler *(m)* Acoplador acústico.

acoustic delay line *(f)* Línea de retardo acústica.

acoustic system *(m)* Sistema acústico.

acoustic transmission system *(f)* Sistema de transmisión acústica.

acquire *(v)* Recoger.

acquisition *(m)* Adquisición.

Acrobat Reader *(m)* programa de Adobe para capturar documentos y verlos en su apariencia original en archivos PDF

acronym *(f)* Sigla, acrónimo.

ACS (Automatic Computing System) Sistema informático Automático

activate *(v)* Activar.

activate directory *(m./pl)* Servicios de directorio avanzados.

activator *(m)* Activador, sensibilizador.

active X (f) Tecnología creada Microsoft que permite la interacción y la personalización de los sitios Web.

active *(adj)* Activo /a; *(v)* Activar.

active circuit *(m)* Circuito activo

ACTP (Advanced Computer Technology Project) Proyecto avanzado de tecnología de computadora.

actuate *(v)* Actuar

ACU (Automatic Call Unit) Unidad de Llamada Automática.

ad hoc query *(f./adj.)* Consulta con propósito específico.

ada *(m./adj.)* Lenguaje de programación de alto nivel.

adapter *(m)* Adaptador.

ADC Analog to Digital Converter Convertidor analógico-digital

ADCCP (Advanced Data Communication Control Procedures) Procedimientos Avanzados de Control de Comunicación de Datos.

add *(v)* Añadir, sumar.

add time *(m)* Tiempo de suma.

adder *(m)* Sumador.

add-in *(m./adj.)* Adicional, expansión, complemento, agregado.

add-in memory *(f./adj.)* Memoria adicional.

addition record *(m.adj.)* Registro de adición.

add-on *(f.)* Expansión,*(adj)* adicional, complemento, agregado.

add-on equipment *(m./adj.)* Equipo complementario añadible.

add-on products*(m./pl./adj.)* Productos complementarios.

address *(f)* Dirección; *(v)* direccionar.

address bus *(m./adj.)* Bus de direcciones.

address calculating unit *(m)* Unidad calculadora de direcciones.

address characters *(m.pl./adj.)* Caracteres de dirección.

address field *(m./adj.)* Campo de direcciones.

addressed memory *(f./adj.)* Memoria direccionada.

addressing *(m)* Direccionamiento.

addressing mode *(m./adj.)* Modo de direccionamiento.

adjacency *(f)* Adyacencia.

adjust *(v)* Adecuar (una señal)

adjust to fit *(v)* Dimensionar.

administer (v) Administrar.

administration process *(m./adj.)* Proceso de administración.

administrator *(m./f.)* Administrador/a.

administrator login *(m./adj.)* Administrador de registro.

ADP (Automatic Data Processing) Procesamiento Automático de Datos.

ADPE (Automatic Data Processing Equipment) Equipo de Procesamiento Automático de Datos.

ADU (Automatic Dialling Unit) Unidad Automática de Selección.

advanced features *(f/pl./adj.)* Características avanzadas.

advanced technology *(f)* Tecnología avanzada.

advanced.*(adj)* Avanzado/a.

advisory *(m)* notificador.

AED (Automatic Engineering Design) Diseño de ingeniería automático.

aeromagnetic *(m)* Aeromagnético.

AFIPS (American Federation of Information Processing Societies) Federación Americana de Sociedades de tratamiento

age *(v)* Envejecer.

agenda *(f)* Agenda.

agent *(m)* Agente.

agent agente *(m)* . Pequeño programa inteligente que facilita la operatoria del usuario.

AI (Artificial Intelligence) Inteligencia Artificial.

AIM (Avalanch Induced Migration) Desplazamiento por Avalancha Inducida.

alarm *(f)* Alarma.

alert message *(m./adj.)* Mensaje de alerta.

algebra *(f)* Álgebra.

algebraic logic (f) Lógica algebraica.

algebraic sum (f) Suma algebraica

ALGOL (Algorithmic Language) Lenguaje Algorítmico.

ALGOL 68 Versión ALGOL más avanzada.

algorithm *(m)* Algoritmo.

algorithmic language *(m./adj.)* Lenguaje algorítmico.

algorithmic process *(m./adj.)* Proceso algorítmico.

aliasing *(adj.)* Solapamiento.

align *(v)* Alinear.

alignment *(f)* Alineación.

alignment pin *(f./adj.)* Patilla de Alineación, terminal de alineación.

all rights reserved *(m.pl.)* Todos los derechos reservados.

allocate memory *(v./f.)* Asignar memoria.

allocation *(f)* Asignación.

allocation technique *(f./adj.)* Técnica de alineación.

allow *(v)* Permitir.

all-purpose computer *(m./adj.)* Ordenador de propósito general.

alpha Test *(f)* Prueba Alfa.

alphabet *(m)* Alfabeto

alphanumeric *(m)* Alfanumérico.

alphanumeric display unit *(f./adj.)* Unidad de visualización alfanumérica.

alternate input device *(m./adj.)* Dispositivo de Entrada Alternativo.

alternating current *(f)* Corriente alterna.

alternating voltage *(f)* Tensión alterna.

alternation *(f)* Alternancia.

alternator *(m)* Alternador.

ALTRAN (ALgebraic Fortran) Fortran algebraico.

ALU (Arithmetic and Logical Unit) UAL Unidad Aritmética y Lógica.

always on top *(adj)* Siempre visible.

AM (Amplitude Modulation) Modulación

en Amplitud.

AMA (American Management Association) Asociación Americana de Gestión.

amateur radio operator *(m)* Radioaficionado.

ambient noise *(m./adj.)* Ruido del ambiente.

AMD (Advanced Micro Devices) Fabricante de Circuitos Integrados.

AML (AssemblyMicro Library) Biblioteca de Ensambladores de Microprocesadores.

ampere *(m)* Amperio.

amperimeter *(m)* Amperímetro.

ampersand (&) *(m)* Símbolo de unión.

amplifier *(m)* Amplificador.

amplify *(v)* Amplificar.

amplitude *(f)* Amplitud.

amplitude modulation *(f./adj.)* Modulación de Amplitud.

amplitude-shift keying *(f./adv./adj.)* Codificación por desplazamiento de amplitud.

analog *(adj)* Analógico, *(f)* analogía.

analog channel *(m./adj.)* Canal analógico.

analog circuit *(m./adj.)* Circuito analógico.

analog computer *(m)* Ordenador analógico.

analog mode *(m)* Modo analógico.

analog mode switch *(m./adj.)* Conmutador de modo analógico.

analog network *(f./adj.)* Red analógica.

analog output *(f./adj.)* Salida analógica.

analog to Digital *(m./adj.)* Analógico a Digital.

analog to digital converter *(m./adj.)* Convertidor Analógico-Digital.

analog voltage comparator *(m./adj.)* Comparador analógico de tensión.

analysis *(m)* Análisis.

analyst *(m)* Analista.

analyzer *(m)* Analizador.

anchor *(f)* Ancla.

anchorage *(m)* Anclaje.

AND gate *(f)* Puerta Y.

AND operator *(m)* Operador lógico "Y".

AND/NOR gate *(f)* Puerta Y/O.

angle *(m)* Angulo.

animated GIF *(m./adj.)* GIF animado.

animation *(f)* Animación.

annex *(m)* Anexo; *(v)* Anexar.

annotate *(v)* Anotar, comentar.

anode *(m)* Ánodo.

anonymous *(m)* Anónimo.

anonymous access *(m)* Acceso anónimo.

anonymous FTP *(m)* FTP anónimo.

ANSI (American National Standards Institute) Instituto Nacional Norteamericano de Estandares.

ANSI (American National Standars Institute) Instituto Nacional Americano de Normalización.

ANSI.SYS Device Driver Accionador de dispositivos.

answer *(v)* Responder.

answer back *(f./adj.)* Respuesta automática.

answerback message *(m)* Mensaje de devolución de respuesta.

answer-Only Modem *(m)* Módem de Solo Respuesta.

antivirus *(m./adj.)* programa que elimina los virus informáticos.

AOL (America on line) Servicio de internet Americano.

AP (Application Program) Programa de Aplicación.

AP (Array Processor) Procesador Matricial.

AP Automatic Programming Programación Automática.

APA (Application Program Area) Area de Memoria que puede ocupar un Programa de Aplicación.

APC (Automatic Phase Control) Control Automático de Fase.

aperture time *(m./adj.)* Tiempo de apertura.

API (Application Program Interface) Intefaz de Programas de Aplicación

APL (A Programming Language) Lenguaje de programación APL.

APLA (Programming Language) Lenguaje de Programación APL

apostrophe (') *(m)* Apóstrofo (').

app *(f)* Aplicación

app code código de aplicación

append *(v)* Anexar, añadir, adjuntar.

append value *(m)* Valor de adición.

appendix *(m)* Apéndice.

applet *(f)* Applet, programa.

applet *(m)* Pequeño programa hecho en lenguaje Java.

application *(f)* Aplicación, programa.

application engineer *(m./adj.)* Ingeniero de gestión.

application package *(m./adj.)* Paquete de aplicaciones.

application parent *(f./adj.)* Aplicación principal.

application program *(m./adj.)* Programa de aplicación.

application programmer *(m./adj.)* Programador de aplicaciones.

application software *(m./adj.)* Programa de Aplicación.

applications package software *(m./adj.)* paqete de aplicaciòn

APSE (Ada Programming Support Environment) Entorno de Apoyo a la Programación Ada.

APT Automatic ProgrammingTools Herramientas de programación automática.

AR (Address Register) Registro de direcciones.

arc *(m./f.)* Arco/a.

architecture *(m)* Arquitectura.

archive *(m)* Archivo.

ARCNet Red ARC

area *(f)* Área,

argument *(m)* Argumento.

arithmetic expression (f) Expresión aritmética.

arithmetic function *(f)* Función aritmética.

arithmetic logic unit *(f)* Unidad Aritmético Lógica.

arithmetic shift *(m)* Desplazamiento aritmético.

arithmetic statement *(f)* Sentencia aritmética.

arithmetic unit *(m)* Unidad aritmética.

ARLL Tramo de Recorrido Limitado

ARP (Automatic Receiver Program) Programa receptor automático.

ARPA (Advanced Research Projects Agency of US Departament of Defense) Agencia de proyectos de investigación avanzada del Departamento de Defensa, USA.

ARQ (Automatic Request for Repeat) Petición automática de repetición.

arrange *(v)* Organizar.

array *(f)* Matriz.

array processor *(m)* Procesador matricial.

arrow keys *(f)* Teclas de dirección.

artificial Intelligence *(f)* Inteligencia Artificial.

artificial language *(m)* Lenguaje artificial.

ARU (Audio-Response Unit) Unidad de Respuesta Audio.

ASA (American Standard Association) Asociación de normalización americana.

ASCC (Automatic Sequence Controlled Calculator) Calculadora controlada por secuencia automática.

ascending *(m)* Ascendente.

ASCII (American Standard Code for Information Interchange) Código Norteamericano Estandar para el Intercambio de Información.

ASCII File Archivo ASCII, Archivo de texto Plano.

ASCII keyboard teclado ASCII.

ASIS (American Society for Information Science) Sociedad americana de ciencias de la información.

ASLIB (Association of Special Libraries and Information Bureaus) Asociación de bibliotecas especiales y oficinas de información.

ASP (Shareware Professional Association) Asociación de Profesionales de Programas de Dominio Público)

ASR (Automatic Send-Receive) Transmisión/Recepción Automótica.

assemble (v) Ensamblar.

assembler (m) Ensamblador.

assembler language (m) Lenguaje ensamblador.

assembler program (m) Programa ensamblador.

assembly (m) Montaje, ensamblado.

assembly language (m) Lenguaje ensamblador.

assembly line (f./adj.) Cadena de montaje.

assessment (m) Asesoramiento, valoración.

assign (v) Asignar.

assignment operator (m./adj.) Operador de asignación.

assignment-free (adj) Sin asignación.

asterisk (*) (m) Asterisco.

asymmetry (f) Asimetría.

asynchronous (adj) Asíncrono.

asynchronous transmission (f) Transmisión Asíncrona.

asynchronously (adj) Asíncrono.

at (@) (f) Arroba.

AT modem modem AT

ATDM (Asynchronous Time Division Multiplexing) Multiplexado Asíncrono por División del Tiempo.

ATE (Automatic Test Equipment) Equipo Automático de Pruebas.

AT-PC (AT Personal Computer) Computadora Personal tipo AT.

ATS (Administrative Terminal System) Sistema de terminal administrativo.

ATT American Telephone and Telegraph Compañía Americana de Teléfonos y Telégrafos.

attach (v) Adjuntar, unir.

attachment (m) Adjunto, anexo.

attenuate (v) Atenuar.

attenuation (f) Atenuación.

attenuator (m) Atenuador.

attribute (m) Atributo.

AU (Arithmetic Unit) Unidad aritmética.

audio (m) Audio, sonido.

audio signal (m./adj.) Señal de audio, audio.

audio teleconferencing (m) Audioteleconferencia.

AUI (Attachment Unit Interface) Interfaz de Unidad de Vinculación.

augment (v) Aumentar.

authenticate (v) Validar, autentificar, auténtico.

authentication *(f)* Autentificación, autenticación.

author *(m)* Autor.

authoring autoría (f) El administrador de un sitio Web o Webmaster.

authorization *(f)* Autorización.

authorize *(v)* Autorizar, habilitar.

authorized user *(m)* Usuario autorizado.

auto log *(m)* Registro automático.

auto logging *(m)* Auto registro.

auto-answer *(f./adj.)* Respuesta automática, autorespuesta.

autocode *(m)* Autocódigo.

autodecrementing *(adj)* Autodecrementación.

auto-dial *(m./adj.)* Marcado Automático.

autoincrementing *(f)* Autoincrementación.

autoload *(f)* Autocarga.

automatic check *(m./adj.)* Control automático.

automatic computing *(m./adj.)* Cálculo automático.

automatic execution *(f./adj.)* Ejecución automática.

automation *(f)* Automatización.

automaton *(adj)* Autómata.

auto-wrap *(adj)* Autoacomodación.

auxiliary *(m)* Auxiliar.

auxiliary circuit *(m./adj.)* Circuito auxiliar.

auxiliary equipment *(m./adj.)* Equipo Auxiliar.

auxiliary register *(m./adj..)* Registro auxiliar.

auxiliary storage *(f./adj.)* Memoria auxiliar.

AV (Available) Disponible.

available *(adj)* Disponible.

available time *(m./adj.)* Tiempo disponible.

avatar *(m)* Representación física de una persona conectada al mundo virtual de Internet.

average *(m)* Promedio.

average access time *(m./adj.)* Tiempo promedio de acceso.

axis *(m)* Eje.

azimute *(m)* Acimutal.

azimuth *(m)* Acimut.

B

back circuit *(m./adj.)* Circuito de retorno.

back door *(f./adv.)* Puerta trasera.

back Plane *(m./adj.)* Panel de conexiones eléctricas.

back up *(n)* apoyo *(m)*, copia de seguridad *(f)*, respaldo *(m)*

Backbone *(f)* Espina dorsal.

backbone *(m./adj.)* Conexión de alta velocidad que conecta computadoras.

backdoor *(f./adj.)* Puerta trasera o puerta trampa.

Backdrop *(m./adj.)* Fondo de página.

Backend *(adv)* En segundo plano.

back-end processor *(m.adj.)* Procesador que se utiliza para administrar una base de datos.

Background *(m)* Fondo, segundo plano. Carga pendiente.

background color *(m./adv)* Color de fondo.

background noise *(m./adv)* Ruido de fondo.

background process *(m/adv.)* Proceso en segundo plano.

background program *(m./adj.)* Programa no prioritario.

backing storage *(f./adv.)* Área Intermedia.

backlash *(m./adj.)* Ajuste de holguras.

backlast *(f)* Holgura.

Backlighting *(f./adj.)* Retroiluminación.

backlit screen *(f./adj.)* Pantalla retroiluminada.

backslash *(f./adj.)* Barra inversa, barra invertida, barra diagonal inversa (\).

Backspace *(m)* Retroceso, *(v)* retroceder.

Backtrack *(v)* Retroceder, explorar.

backtracking *(m)* Algoritmos de prueba y marcha atrás.

backup *(f./adj.)* Copia de Seguridad, reserva.

backup equipment *(m./adj.)* Equipo para copias de seguridad.

backup file *(m./adj.)* Fichero de copia de seguridad, archivo de reserva.

backup storage *(f./adj.)* Memoria de reserva.

backup unit *(f./adj.)* Unidad de reserva.

bad *(m)* Incorrecto, defectuoso.

bad parity *(m)* Error de paridad.

bad sector *(m)* Sector defectuoso.

badge *(adj)* Distintivo, *(f)* credencial.

BAL (Basic Assembler Language) Lenguaje Ensamblador Básico.

Balance *(v)* Compensar.

balance band *(f)* Banda de valencia.

band *(f)* Banda**bandwidth** *(m./adj.)* Ancho de banda, anchura de banda.

banner *(m./adj.)* Aviso publicitario que ocupa parte de una página de la Web.

banner *(m)* Anuncio, *(f)* pancarta, *(m)* cartel.

bar code *(m./adj.)* Código de barras.

base *(m)* Base.

base address *(m./adj.)* Dirección Base.

base buttons *(m./adj.)* Botones básicos.

base register *(m./adj.)* Registro básico.

baseband *(f./adj.)* Banda base.

bastion Host Servidor Bastión.

batch file *(m./adj)* Fichero de proceso por lotes.

batch processing *(m./adj.)* Proceso por lotes.

batch system *(m./adj.)* Sistema de procesos por lotes.

Batchep *(adj)* Agrupado/a.

battery *(f./pl./adj.)* Powered alimentado por baterías.

battery pila *(f)*

battery *(f)* Pila, batería.

baud *(m)* Baudio.

baud rate *(m)* Velocidad (de transmisión) en baudios.

BBS (Bulletin Board System) Sistema de Comunicaciones por Boletines

BCC (Block Check Character) Carácter de Verificación o Comprobación de

Bloque.

BCD (Binary coded decimal) Decimal Codificado en Binario.

BCDIC (Binary Coded Decimal Interchange) Code Código de intercambio Decimal Codificado en Binario.

BCO (Binary Coded Octal) Octal Codificado en Binario.

BCP (Byte Control Protocol) Protocol de control de bytes

BCPL Basic CPL básico.

BD Baud Baudio.

BDAM (Basic Data Access Method) Método Básico de Acceso de Datos.

BDLC (Burroughs Data Link Control) Control de Enlace de Datos de Burrough.

BDOS (Basic Disk Operating System) Sistema Operativo Básico del Disco.

bearer*(m)* Portador.

beat *(v)* Batir (señales).

Beep *(m)* Bip, Pitido.

Beeper *(m./adj.)* Aparato buscador.

beginning of file *(m./adj.)* Comienzo de Fichero.

behavioral device *(m)* Dispositivo de comportamiento.

benchmark *(m)* Programa diseñado para evaluar el rendimiento de un sistema, de software o de hardware.

benchmark program *(m./adj.)* Programa patrón de prestaciones.

beta test *(f)* Prueba beta.

beta version *(f)* Versión beta.

betatest *(m)* Es el proceso de desarrollo de software.

bi-directional *(adv)* Bi- direccional.

BIF (Benchmark Interface Format) Formato de Interfaz de Referencia.

big blue (IBM) *(m)* Gigante azul (IBM).

bilateral *(adj)* Bilateral.

BIM (British Institue of Management) Instituto Británico de Gestión.

BINAC (Binary Automatic Computer) Computadora Binaria Automática.

binary base *(m)* Base binaria, base 2.

binary code *(m./adj.)* Código binario.

binary digit *(m./adj.)* Dígito binario (Bit).

binary search *(f./adj.)* Búsqueda binaria.

binary *(m)* Binario.

binhex *(m./adj)* Estándar para la codificación de datos bajo plataforma Macintosh.

BIOS (Basic Input/Output System) Sistema Básico de Entrada/Salida.

biphasic *(m./adj.)* Bifásico.

Bipolar *(adj)* Bipolar.

BISAM (Basic Indexed Sequential Access Method) Método básico de acceso secuencial indexado.

bistable *(adj)* Biestable.

bistatic *(adj)* Biestático.

bit *(m)* Bit, bitio.

BIT Built-In Test Prueba Incorporada.

BIT Dígito Binario

bit mapped image *(m./adj.)* Imagen de bits asignadobs.

bit stream *(f./adj.)* Corriente de **bits**, *(m./adj.)* flujo de bits.

BITE Built-In Test Equipment Equipo de Prueba Incorporado.

bitmap *(m./adj.)* Mapa de bits.

bitmap display *(f./adj.)* Pantalla de mapa de bits.

bitnet *(m)* Bitnet.

black box *(f./adj.)* Caja negra.

blank *(f)* Espacio en blanco, blanco, vacío.

blind carbon *(m)* Copia ciega.

blind surfing *(f./adj.)* Navegación a ciegas.

blink *(adj)* Parpadeo, *(f)* intermitencia.

blinking *(adj)* Parpadeante, centelleante.

BLISS (Basic Languaje for Implementing Systems) Lenguaje Básico para Implementación de Sistemas Software.

block *(m)* Bloque.

block sort *(f./adj.)* Clasificación por bloques.

blocking *(m./adj.)* Agrupamiento en

bloques.

blocks of time *(m)* Bloques de tiempo.

blue ribbon program Programa de cinta azul.

blueprint *(m)* Anteproyecto.

BM (Bubble Memory) Memoria de Burbujas.

BMC (Bubble Memory Controller) Controlador de Memoria de Burbujas.

BNC (British National Connector) Conector Nacional Británico

BNC (British National Connector) Conector Nacional Británico.

board *(f)* Tarjeta, placa.

BOF (Beginning of File) Inicio del Archivo.

boilerplate *(m)* Texto modelo.

bold *(m)* Letra resaltada.

bombing*(m)* Bombardeo postal.

book *(m)* Libro.

bookmark *(m)* Sección de menú de un navegador donde se pueden almacenar los sitios preferidos, para luego elegirlos con un simple click desde un menú.

boolean *(f./adj.)* Lógica simbólica que se utiliza para expresar la relación entre términos matemáticos.

boolean algebra *(f)* Álgebra booleana.

boot *(f./adj)* Carga inicial, autoarranque.

Boot *(v)* Arrancar, autoarrancar, iniciar.

boot *(v)* Cargar el sistema operativo de una computadora.

Boot PROM *(m./adj.)* PROM de arranque.

border *(m)* Borde.

borrow *(m./adj.)* Acarreo negativo.

BOT (Begginning-Of-Tape Mark) Marca de Principio de Cinta.

bot *(m)* Bot.

bottleneck *(m./pl.//adj.)* Embotellamiento de paquetes de datos.

bounce *(v)* Rebotar.

BPI (Bits per inch) Bits por Pulgada

BPS (Bytes Per Second) Bits por Segundo.

bracket *(m)* Corchete.

brainstorming*(f./adj.)* Tormenta de ideas.

branch*(v)* Bifurcar, ramificar, separar.

brand*(f)* Modelo, marca.

breadboard *(f)* Tarjeta experimental.

break *(f)* Interrupción.

break *(v)* Romper, interrumpir.

break down *(v)* Romperse.

breakdown *(f)* Avería.

BRF (Benchmark Report Format) Formato Informe de Referencia.

BRI (Basic Rate Interface) Interfaz de Velocidad Básica.

bridge *(m./adj/)* Dispositivo usado para conectar dos redes.

browser *(m)* Navegador, visualizador.

bridge *(v)* Puentear; *(m)* puente.

bridged networks *(f./adj.)* Redes unidas.

bridgeware *(m./adv.)* Software de transición.

bridging software *(m./adj.)* Software de transición.

briefcase compute *(m./adj.)* Ordenador de maletín.

brightness lever *(f./adj.)* Palanca de brillo.

bring forward *(v)* Traer adelante.

bring to front *(v./adv.)* Traer al frente.

broad *(adj)* Amplio/a.

broadband *(f)*Banda ancha.

broken (adj) fuera de servicio - dañado, roto

browsing button *(m)* Botones de navegación.

brush *(f)* Escobilla.

BS (British Standard) Norma Británica.

BS(BackSpace) Retroceso de una Posición o Espacio.

BSAM (Basic Sequential Access Method) Método Básico de Acceso Secuencial.

BSC (Binary Synchronous Communications) Comunicaciones Binarias Síncronas.

BSI (British Standards Institute) Instituto Británico de Normalización,

BSS region región BSS

BTAM (Basic Telecomunications Access Method) Método Básico de acceso a las Telecomunicaciones.

BTM (Benchmark Timing Methodology) Metodología de Referencia para Medir Tiempos de Respuesta.

BTP (Batch Transfer Program) Programa de transferencia por lotes.

bubble memory*(f./adj.)* Memoria de Burbuja.

bubble sort *(f./adj.)* Ordenación por método de la burbuja.

Bucket *(m./adj.)* Sector de almacenamiento.

buffer *(f)* Area de la memoria que se utiliza para almacenar datos temporariamente durante una sesión de trabajo.

Buffer *(f./adj.)* Memoria intermedia.

buffer flush *(m./adj.)* Vaciado de buffers.

buffer pool *(m./adj.)* Consorcio de buffers .

bug *(m./adj.)* Error de programación.

bug fallo *(m./adj.)* error lógico.

bug*(m)* Error, fallo, bug.

build *(v)* Incorporar, integrar.

built-in *(adj)* Incorporado/a, integrado/a.

bulk storage *(m./adj.)* Almacenamiento de gran capacidad.

bullet *(m)* Punto elevado.

bump *(v)* Desechar.

Bundle *(m)* Bulto, lote, paquete.

bundled system *(f)* Sistema no disociable.

Burst *(f)* Ráfaga de impulsos.

burster *(m)* Separador de hojas.

bus *(m)* Enlace común; conductor común; vía de interconexión.

Bus *(m)* Bus, canal, conductor.

bus serial *(m)* Método de transmisión de un bit por vez sobre una sola línea.

bus topology *(f)* Topología de Bus.

busy *(adj)* Ocupado/a.

button bar *(m)* Barra de botones.

button Botón.

buy *(v)* comprar

buzzword *(m)* Termino técnico.

bypass *(v)* Pasar por alto un circuit *(m)* o.

byte *(f)* Unidad de información utilizada por las computadoras. **babble** *(m)* Ruido de mezcla, murmullo.

byte *(m)* Byte, octeto.

BYTE BYTF. Palabra digital para representar un carácter.

C

C Lenguaje de programación C.

cable *(m)* Cable.

cable harness *(m.pl.)* Manojo de cables.

cable modem *(m./adj.)* Módem que conecta una computadora con Internet a alta velocidad.

cache *(m)* Caché.

cache *(m)* En un navegador, el caché guarda copias de documentos de acceso frecuente, para que en el futuro aparezcan más rápidamente.

CAD/CAM (Computer-Aided Design) Diseño Ayudado por Computadora.

CAE (Computer Aided Education) Educación Asistida por Computadora.

CAI (Computer Assisted Instruction) Enseñanza Asistida por Computadora.

CAL (Computer-Aided Learning) Aprendizaje Asistido por Computadora.

calculated field *(m)* Campo calculado.

calculator *(f)* Calculadora.

calibration *(f)* Calibración.

call *(f)* Llamada.

call by value *(f)* Llamada por valor.

callback *(v)* Repetir llamada.

calling feature *(m)* Dispositivo de llamada.

calling list *(f)* Lista de llamada.

calling sequence *(f)* Secuencia de llamada.

CAM Fabricación Asistida por Computadora.

CAN (cancel) Cancelar.

cancel *(v)* Cancelar, dar de baja.

canned software *(m)* Software enlatado, software estándar.

capacitor *(m)* Condensador.

capital letter *(f./adj.)* Letra mayúscula.

capitalization *(f./pl./adj.)* Uso de mayúsculas.

caps *(f.pl./adj.)* Letras mayúsculas.

caps lock key *(f./adj.)* Tecla bloqueo de mayúsculas.

capsulation *(adj)* Encapsulado/a.

capture *(v)* Capturar.

CAR (Channel Address Register) Registro de canal de direcciones.

card *(f)* Tarjeta.

card punch *(f./adj.)* Perforadora de tarjetas.

card reader *(f./adj.)* Lectora de tarjetas perforadas .

cardinality *(f)* Cardinalidad.

caret *(f)* Intercalación.

carriage return *(m)* Retorno de carro.

carriage *(m)* Carro de impresión.

carrier band *(f)* Banda portadora.

carrier *(f)* Portadora, soporte.

carry *(m)* Acarreo.

carry flag *(m./adj.)* Indicador de acarreo.

carry out *(v)* Ejecutar una acción.

carry return *(m./adj.)* Retorno de carro.

carrying handle *(f./adj.)* Asa de transporte.

cartridge *(m)* Cartucho.

CAS (Column Address Strobe) Habilitación de Columna de Direcciones.

cascade amplifier *(m./adj.)* Amplificador en cascada.

cascade windows *(f./pl./adj.)* Ventanas en cascada.

cascade *(f)* Cascada.

CASE (Computer Aided Software Engineering) Ingeniería de Software Asistida por Computadoras

case sensitive *(f./adj.)* Distinción entre mayúsculas y minúsculas.

catalogue *(m)* Catálogo.

catch up *(v)* Retener, ponerse al día.

category *(f)* Categoría.

cathode *(m)* Cátodo.

cathode-ray tube *(m)* Tubo de Rayos Catódicos.

CATV (Cable Television) Televisión por Cable.

caution *(f)* Advertencia, precaución.

CBASIC Lenguaje de programación

CBL (Computer Based Learning) Aprendizaje Basado en Computadora.

CBM (Commodore Business Machines) Máquinas de Negocios Commodore

CBX (Computer-Controlled Branch Exchange) Intercambio de Bifurcación Controlada por Computadora.

CCA (Computer Corporation of American) Corporación Americana de Computadoras.

CCB (Channel Control Block) Bloque de control de canal.

CCD (Charge-coupled device) Dispositivo Acoplado por Carga.

CCITT (Comit Consultatif International Telegraphique et Telephonique) Comité Consultor Internacional de Telegrafía y Telefonía.

CCP (Console Command Processor Procesador de Ordenes de la Consola.

CD (Compac Disc) Disco Compacto.

CD-ROM ROM de disco Compacto.

cell *(f)* Celda.

cell phone *(m./adj.)* Teléfono móvil.

cellular phone *(m./adj.)* Teléfono móvil.

censorship *(f)* Censura.

centralized data processing *(m)* Procesamiento de datos centralizado.

certificate *(m)* Certificado.

certification *(f)* Certificación.

certify *(v)* Certificar.

certifying authority *(f)* Autoridad certificadora.

CF (Cash Flow) Movimiento de caja.

CGA (Color Graphics Adapter) Adaptador de Gráficas a Color.

chad *(m)* Agujero (en cintas magnéticas o tarjetas perforadas).

chain *(f)* Cadena.

chain *(v)* Encadenar.

chain printer *(f./adj.)* Impresora de cadena.

chained program *(m)* Programa encadenado.

chaining *(adj)* Encadenamiento.

channel address word *(m)* Palabra de dirección de canal.

channel command *(m./adj.)* Comando de canal.

channel Connector *(m./adj.)* Conector de canales.

channel control field *(m./adj.)* Campo de control de canal.

channel status condition *(m)* Condición de estado del canal.

channel work area expansion *(f)* Extensión del área de memoria para la gestión de canales.

channel *(m)* Canal.

character *(m)* Carácter.

character rate *(f./adj.)* Velocidad de transferencia de caracteres.

character recognition *(f./adj.)* Identificación, reconocimiento de caracteres.

character set *(m./adj.)* Juego de caracteres.

characteristic *(f)* Característica.

chart *(m)* Gráfico, cuadro, *(f)* tabla, diagrama.

charter *(m)* Estatuto.

chassis *(m)* Chasis.

chat *(f)* Charla. Servicio de Internet que permite a dos o más usuarios conversar online mediante el teclado.

chat *(m./adj.)* Grupo de discusión, debate, conversación; *(v)* conversar, charlar.

cheapernet *(f./adj.)* Red ethernet de coaxial fino.

check *(v)* Controlar, comprobar, verificar, probar

check bit *(m./adj.)* Bit de comprobación.

check digit *(m./adj.)* Dígito de control.

check in *(v)* Ingresar.

check light *(f./adj.)* Luz indicadora de error, Luz de control.

check mark *(f./adj.)* Marca de verificación

check out *(v)* Retirar

check sum *(f./adj.)* Suma de verificación, suma de comprobación

checkout *(f)* Verificación.

checkpoint *(m./adj.)* Punto de control.

chevrons *(m/adj.)* Comillas angulares.

chip *(f)* Microplaca.

chip *(f./adj.)* Abreviatura de "microchip". Circuito muy pequeño, compuesto por miles a millones de transistores impresos sobre una oblea de silicio.

CHKDSK (Check Disk) Análisis de Disco.

chore *(f)* Tarea.

chronogram *(f)* Cronograma.

circuit *(f)* Circuito.

circuit switching *(m)* Conmutación de circuitos.

circuitry *(m)* Conjunto de circuitos.

circulator *(m)* Circulador.

CISC (Complex Instruction Set Computer) Computadora con Conjunto de Instrucciones Complejas.

CISC (Complex Instruction Set Computer) Computadora con conjunto de instrucciones complejas.

class *(f)* Clase.

clean *(v)* Limpiar, eliminar.

Clear *(v)* Borrar la pantalla.

clear key *(f./adj.)* Tecla de borrado.

click *(v)* Hacer clic, presionar con el ratón.

client *(m)* Cliente.

client/Server *(m)* Cliente/Servidor.

client/server architecture *(f)* Arquitectura Cliente/Servidor.

client-server model *(m)* Modelo Cliente-Servidor.

clip art *(f./adj.)* Galería de imágenes, imagen.

clipboard *(m.)* Portapapeles.

clipping *(f)* Limitación.

clobber *(v)* Machacar información.

clock *(m)* Reloj.

clock rate *(f)* Cadencia.

clock reloj *(m)*

clock speed *(f./adv.)* Velocidad del reloj.

clockwise *(f./adj.)* Sentido de las agujas del reloj.

clone *(m)* Clónico, clon.

close *(v)* Cerrar.

closed loop *(m./adj.)* Bucle cerrado.

closure *(m)* Cierre.

cluster *(m)* Clúster.

cluster *(f./adj.)* Unidad de almacenamiento en el disco rígido.

cluster *(v)* Agrupar.

clustered devices *(m./pl./adj.)* Dispositivos agrupados.

CMI (Computer Managed Instruction) Enseñanza Gestionada por Computadora.

CML (Current Mode Logic) Lógica en Modo de Corriente.

CMOS (Complementary Metal-Oxide Semiconductor) Semiconductor Complementario de Óxido y metal.

CMRR (Common Mode Rejection Ratio) Relación de Rechazo en Modo Común.

CMS (Conversational Monitor System) Sistema Monitor Conversacional.

coaxial cable *(m./adj.)* Cable coaxial.

COBADAR Código Universal de Productos.

COBOL (Common Business Oriented Language) Lenguaje Común Orientado al Comercio.

CODASYL (Conference on Data System Languages) Comité del Departamento de Defensas USA para la Normalización de Lenguajes.

code *(m)* Código; *(v)* Codificar.

code translator feature *(m./adj.)* Dispositivo de conversión de códigos.

CODEC Codifificador

coder *(m)* Codificador.

coding *(f)* Codificación.

coding form *(f./adj.)* Hoja de codificación.

coding line *(f./adj.)* Línea de codificación.

coefficient *(m)* Coeficiente.

cognitive dissident *(m./adj.)* Disidente cognoscitivo.

cold boot *(m./adj.)* Arranque en frío.

cold start *(m./adj.)* Arranque en frío.

collapse *(v)* Contraer.

collate *(v)* Intercalar.

collating sequence *(f./adj.)* Secuencia de intercalación.

collection *(f)* Colección, recogida.

colon *(m)* Dos puntos (:).

colour color *(m)*

colour monitor *(m./adj.)* monitor de color

column *(f)* Columna.

COM (Computer Output to Microfilm) Salida de Computadora de Microfilm

COM port *(m)* Puerto de Comunicaciones.

COM PORT Puerto COM

combinational circuit *(m)* Circuito Combinacional.

combiner *(m)* Combinador.

COMDK (Compressed Deck) Paquete Comprimido.

command *(m)* Comando. Instrucción que un usuario da al sistema operativo de la computadora para realizar determinada tarea.

command *(m)* Comando, instrucción, orden, mandato.

command language *(m./adj.)* Lenguaje de órdenes.

command line *(f./adj.)* Línea de comando.

command-driven software *(m./adj.)* Software gobernado por comandos.

comment *(m)* Comentario.

common *(m)* Común.

common questions *(f./adv.)* Dudas frecuentes.

communication band *(f)* Banda de comunicación.

Communications *(f)* Comunicaciones.

communications server *(m./adj.)* Servidor de comunicaciones.

communicator *(m)* Comunicador.

compact disc *(m./adj.)* Disco Compacto.

companion *(m./adj.)* Libro guía, complemento.

Comparator *(m)* Comparador.

comparer *(m)* Comparador.

compatibility *(f)* Compatibilidad.

compatible *(adj)* Compatible.

compile (v) compilar

compiler *(m)* Compilador.

compiling *(f)* Compilación.

complement *(v)* Complementar.

complex *(m)* Complejo.

complexity *(f)* Complejitud.

component *(m)* Componente.

component identification *(m./adj.)* Despiece.

compose *(v)* Redactar.

Compress *(v)* Comprimir.

Compression *(m)* Compresión.

computation *(m)* Cálculo, *(f)* computación cómputo.

compute *(v)* Calcular, computar.

computer *(f)* Ordenador, computador, computadora.

computer crime *(m)* Delito informático.

computer expert *(m)* Informático.

computer network *(f)* Red informática.

computer ordenador *(m)*

computer science *(f)* Informática, Ciencias de la Computación.

computer scientist *(f./adj.)* Ciencia informática.

computer system *(m./adj.)* Sistema informático

computerize *(v)* Informatizar, mecanizar

COMSAT (Communications Satellite) Comunicaciones por satélite.

concatenate *(v)* Concatenar.

conceal *(v)* Ocultar. concurrence

concurrent *(adj)* Concurrente.

concurrent programming language *(m./adj.)* Lenguaje de programación concurrente.

condensed font *(f./adj.)* Letra comprimida.

condensed letter *(f./adj.)* Letra comprimida.

condensed printing *(f)* Impresión comprimida.

condition *(f)* Condición.

conditional branch *(f./adj.)* Bifurcación condicional.

conditional jump *(m./adj.)* Salto condicional.

conduction band *(f./adj.)* Banda de conducción.

conductor *(m)* Conductor.

configuration *(f)* Configuración.

configure *(v)* Configurar.

confirm *(v)* Confirmar.

conflict *(m)* Conflict.

congestion *(m)* Atasco.

connect *(v)* Conectar, asociar, conexionar.

connect time *(f./adj.)* Tiempo de conexión.

connection *(f)* Conexión.

connection bridge *(m./adj.)* Puente de conexión.

connectionless *(f./adj.)* Sin conexión.

connector *(m)* Conector.

console terminal *(f)* consola.

consolidate *(v)* Consolidar.

constant *(adv)* Constante.

contactor *(m)* Contactor.

contention *(f)* Contienda.

contiguous *(adv)* Contiguo.

continuous form *(m./adj.)* Papel continuo.

contrast lever *(f./adj.)* Palanca de contraste.

control block *(m./adj.)* Bloque de control.

control bus *(m./adj.)* Bus de control.

control center *(m./adj.)* Centro de control.

control panel *(m./adj.)* Tablero de mando

control *(m)* Control.

controller *(m)* Controlador, regulador.

conventional *(adj)* Convencional.

conventional encryption *(m./adj.)* Cifrado convencional.

conventional memory *(f./adj.)* Memoria convencional.

conversion factor *(m./adj.)* Factor de conversión.

convert *(v)* Convertir.

converter *(m)* Conversor.

cookie *(f./adj.)* Cookie, galleta espia, delatora.

cooling *(m)* Enfriamiento.

coprocessor *(m)* Coprocesador.

copy *(v)* Copiar.

copy buster *(v)* Dominador de copias.

cordless *(m)* Inalámbrico.

core *(m)* Núcleo (en memorias).

core memory *(f)* Memoria de núcleos.

core storage *(m)* Almacenamiento de núcleos.

correction factor *(m)* Factor de corrección.

correlated *(m)* Correlativo/a.

correlation *(f)* Correlación.

correlator *(m)* Correlador.

corrupt *(adj)* contaminado/a

cosecant *(adj)* Cosecante.

cosine *(m)* Coseno.

cost *(m)* Coste, costo.

counter *(m)* Contador.

couple *(v)* Acoplar.

coupler *(m)* acoplador.

coupling *(m)* Acoplamiento.

courseware *(m./adj.)* Software didáctico.

courtesy copy *(f./adj.)* Copia de cortesía.

coverage *(f)* alcance.

CPI (Characters per inch) Caracteres Por Pulgada.

CPS (Characters per second) Caracteres Por Segundo.

CPU (Central Processing Unit) Unidad Central de Procesamiento.

crack a code *(v)* Descubrir un código, romper un código.

cracker *(m./adj.)* Intruso, revienta sistemas.

crash *(m)* Fallo, bloqueo.

crash *(v)* Bloquearse, quedarse bloqueado.

create *(v)* Crear.

criteria *(m)* Criterio.

critical error *(m./adj.)* Error crítico.

critical section *(f)* Sección crítica.

crop *(v)* Recortar.

cross-hair pointer *(m./adj.)* Puntero en forma de cruz.

crossover *(m)* Cruce.

cross-reference *(f./adj.)* Referencia cruzada.

crosstalk *(f./adj.)* Interferencia en comunicaciones.

crown *(f)* Corona.

Cryptography *(f)* Criptografía.

cryptology *(f)* Criptología.

currency *(f)* Moneda.

current *(adj)* Actual, en uso.

cursor *(m)* Cursor.

curve fitting *(m./adj.)* Ajuste de curvas.

custom options *(f./adj.)* Opciones de personalización.

custom *(v)* Personalizar.

customer support *(f)* Asistencia técnica.

customize *(v)* Personalizar.

cut *(v)* Cortar.

cut off *(v)* Cortar (el abastecimiento).

cut-sheet feeder *(m./adj.)* Alimentador de papel cortado

cybercop *(m)* Ciberpolicía.

cyberculture *(f)* Cibercultura.

cybernaut *(m)* Cibernauta.

cybernetic *(m./f.)* Cibernético/a.

cybernetics *(f)* Cibernética.

cyberspace *(m)* Ciberespacio.

cycle *(m)* Ciclo.

cyclic *(adj)* Cíclico/a.

D

D.O.S. (Disk Operating System) Sistema Operativo de Disco

D/A (Digital Analog) Digital Analógico

DA (Device Adapter) Adaptador de Dispositivo.

DAA (Decimal Adjust Accumulator) Acumulador de ajuste decimal.

DAB (Display Assignment Bits) Bits de Asignación de Visualización .

DAC (Digital Analog Converter) Convertidor Digital-analógico.

daemon *(m)* Demonio.

DAI (Device Adapter Interface) Interfaz Adaptador de Dispositivo.

DAIR (Dynamic Allocation Interface Routine) Ruttina de Interfaz de Asignación Dinámica.

daisy chain *(f./adj.)* Cadena tipo margarita.

daisy wheel *(f./adj.)* printer Impresora de margarita.

daisy wheel *(f)* Rueda de margarita.

DAM (Data Access Method) Método de Acceso de Datos.

DAP (Distributed Array Procesor) Procesador Matricial Distribuido.

DAS (Digital-Analog Simulator) Simulador Analógico-Digital.

DASD (Direct Access Storage Devices) Dispositivos de Almacenamiento de Acceso irecto.

dash *(m)* Guión (-)

DAT Cintas de cassette que se emplea para guardar grandes cantidades de datos.

data *(m)* datos, información.

data bank *(m./adj)* Banco de datos.

data block *(m./adj)* Bloque de datos.

data bus *(m./adj)* Bus de datos.

data communication equipment *(m./adj)* Equipo de comunicación de datos.

data communications *(m./adj)* Comunicación de datos.

data diddling *(f./adj)* Falsificación de datos.

data entry *(f./adj)* Proceso de ingresar datos a una computadora para su procesamiento.

data highway *(f./adj)* Autopista de datos.

data leakage *(f./adj)* Copia de datos, extracción de datos.

data line *(f./adj)* Línea de datos.

data processing *(m./adj)* Procesamiento de Datos.

data protection act *(m./adj)* Ley de protección de datos.

data throughput *(m./adj)* Caudal de datos.

database *(f./adj)* Base de datos.

databit *(m./adj)* bit de datos.

datagram *(f)* Datagrama.

dataset *(m./adj)* Conjunto de datos.

datasheet *(f./adj)* Hoja de datos.

date *(f)* Fecha.

datum *(m)* Dato.

daughter board *(f./adj)* Tarjeta secundaria, tarjeta subsidiaria.

DAV (Data Above Voice) Datos sobre la voz.

DB (Data Base) Base de Datos.

DBMS (Data Base Management System) Sistema de Administración de Base de Datos.

DBOS (Disk-Based Operating System) Sistema Operativo Basado en Disco.

DC (Direct Current) Corriente Contínua.

DC MOTOR Motor de Corriente contínua.

DCE (Data Communications Equipment) Equipo de Comunicaciones de datos.

DCF (Discounted Cash Flow) Movimiento de Caja Descontado.

DCM (Data Communicatios Multiplexer) Multiplexor de Comunicaciones de Datos.

DCO (Digitaly Controlled Oscillator) Oscilador Controlado Digitalmente.

DCON (Address Constant) Constante de Tipo Dirección.

DCP (Diagnostic Coupled Transistor Logic) Lógica de Transistor Acoplado Directamente.

DD (Decimal Display) Visualización Decimal.

DD (Delay Driver) Controlador de Retraso.

DD (Digital Data) Datos Digitales

DD (Digital Display) Visualización Digital

DDC (Direct Digital Control) Control Digital Directo.

DDCE (Digital Data Conversion Equipment) Equipo de Conversión Digital de Datos.

DDE (Direct Data Entry) Entrada Directa de Datos

DDG (Digital Display Generator) Generador de visualización o presentación digital.

DDL (Data Description Language) Lenguaje de Descripción de Datos.

DDL (Dinamic Link Library) Biblioteca de Enlace Dinámico.

DDP (Digital Data Processor) Procesador Digitales de datos.

DDS (Data Distribution System) Sistema de distribución de datos.

DDS (Digital Data System) Sistema Digital de datos.

deactivate *(v)* Desactivar.

dead band *(f./adj)* Banda muerta.

dead time *(m./adj)* Tiempo muerto.

dead/out of service *(adj)* fuera de servicio

deadline *(f./adj)* Fecha límite.

deadlock *(m./adj)* Punto muerto, interbloqueo.

dealer *(m)* Distribuidor, vendedor

deallocate *(v)* Reasignar, volver a asignar.

DEB (Data Extension Block) Bloque de Ampliación de Datos.

debouncing *(f)* Eliminación de Rebotes.

debug *(v)* Depurar, corregir errores, limpiar.

debugger *(m)* Depurador, corrector.

debugging *(v)* depuración, corrección de errores o bugs.

DEC (Digital Equipment Corporation) Corporación de Equipos Digitales.

DECDLC DEC's (Data Link Control) Control de Enlace de Datos DEC

deceleration *(f)* Deceleración.

decibel *(m)* Decibelio.

decimal *(m)* Decimal.

decipher *(v)* Decodificar, descifrar.

decision *(f)* Decisión.

decision making *(f./pl.)* Toma de decisiones.

declaration *(f)* Declaración.

declarative statement *(f./adj)* Sentencia declarativa.

decode *(v)* Decodificar, descodificar.

decoder *(m)* Decodificador, descodificador.

decompress *(v)* Descomprimir.

decompress value *(m)* Valor de descompresión.

decouple *(v)* Desacoplar.

decrement *(v)* Decrementar.

decrypt *(v)* Descifrar.

decryption *(adj)* Descifrado/a.

dedicated *(adj)* Dedicado/a.

dedicated line *(f./adj)* Línea dedicada.

de-encryption *(m)* Descifrado, deencriptación.

default *(adj)* Por defecto, por omisión, predeterminado.

default file *(m./adj)* Fichero por defecto.

default opcion *(f./adj.)* opción por defecto

deferred mode *(m./adj)* Modo diferido.

define *(v)* Definir.

degausser *(m)* Desimantador, desmagnetizador.

degrade *(v)* Degradar.

degree *(m)* Grado.

deinstall *(v)* Desinstalar.

deionize *(v)* Desionizar.

dejaggies *(f./adj)* Supresión de irregularidades.

delay *(adv)* Retardo, retraso.

delay circuit *(m./adj)* Circuito de retardo.

delay line *(f./adj)* Línea de retardo.

delay time *(m./adj)* Tiempo de retardo.

delete *(v)* borrar

delete *(v)* Borrar, eliminar, suprimir.

delimiter *(m./adj)* Delimitador.

delivery *(f)* Entrega.

demo *(f)* Demostración.

demodulation *(f)* Demodulación.

demodulator *(m)* Demodulador.

demonstration *(f)* Demostración.

demultiplexer *(m)* Demultiplexor, demultiplexador.

density *(f)* Densidad.

depuration *(f)* Depuración.

DES (Data Encrypton Standard) Norma de cifrado de datos.

DES (Data Encrypton System) Sistema de Encriptación de Datos.

DESC (Defense Electronic Supply Center

descriptor *(m)* Descriptor.

deselect *(v)* Quitar la selección.

design *(m)* Diseño.

designation *(f)* Denominación.

designer *(m./f.)* Diseñador/a.

desktop *(m)* Escritorio.

desktop computer *(m./adj)* Ordenador de mesa, microcomputadora.

desktop publishing *(m)* Autoedición.

destination *(m)* Destino, destinación.

detachable keyboard *(m./adj)* Teclado desmontable.

detectability *(f)* Detectabilidad.

detector *(m)* Detector.

develop *(f)* Desarrollar.

developer *(m)* Desarrollador.

development *(m)* Desarrollo.

development system *(f./adj)* Sistema de desarrollo.

development tool *(f./adj)* Herramienta de desarrollo.

device *(m)* Dispositivo.

DFR (Double Frequency Rocordin) Grabación de Doble Frecuencia.

diagnostic *(m)* Diagnóstico, diagnosis.

diagnostic program *(m./adj.)* Programa de Diagnóstico

diagram *(f)* Diagrama, esquema.

dial *(m)* Marcador.

dial *(v)* Marcar; *(v)* Marcar.

dialect *(m)* Dialecto.

dialogue book *(m)* Cuadro de diálogo.

dial-up *(v)* Marcar, conexión por línea conmutada.

dial-up line *(f)* Línea de mercado, línea de red conmutada.

DIANE (Direct Information Access Network- Europe) Red Europea de Acceso Directo de información.

dictionary *(m)* Diccionario.

die *(f)* Pastilla.

DIF (Data Interchange Format) Formato de Intercambio de Datos.

difference *(f)* Diferencia.

differential phase *(f)* Fase Diferencial.

diffraction *(f)* Difracción.

digit *(m)* Dígito.

digital *(adj)* Digital.

digital camera *(f./adj.)* Cámara digital.

digital circuit *(m./adj.)* Circuito digital.

digital mode *(m./adj.)* Modo digital.

digital signature *(f./adj.)* Firma digital.

digitize *(v)* Digitalizar, digitizar.

digitizer *(adj)* Digitalizador.

DIL (Dual-In-Line) Fila doble de patillas en un circuito integrado.

dim *(v)* Atenuar.

dimension *(m)* Dimensionar.

DIN (Deutsch Industrie Norm) Norma Industrial Alemana

DIN conector

diode *(m)* Diodo.

DIP (Dual-In-Line Package) Paquete Dual en Línea.

dipole *(m)* Dipolo.

direct *(v)* Dirigir.

direct *(v)* encaminar, guiar.

direct access *(m)* Acceso Directo.

direct connect modem *(m)* Módem de conexión directa.

direct current *(f)* Corriente Continua.

direction *(f)* Dirección.

directional *(m)* Directivo.

directional coupler *(m)* Acoplador direccional.**directive** *(f)* Directiva.

directory *(m)* Directorio.

disable *(v)* Deshabilitar, inhibir, inhabilitar, desconectar, desactivar.

disassembler *(v)* Desensamblar.

disconnect *(v)* Desacoplar, desconectar, inhibir.

disconnection *(f)* Desconexión.

discussion *(m)* Grupo de discusión.

disk back-up *(m./adj)* discos de respaldo o seguridad

disk *(m)* Disco.

disk drive *(m./adj)* lector de disquettes, disquetera *(f)*

disk storage *(f./adj)* Memoria de disco, almacenamiento en disco.

diskette *(m./adj)* Disquete, disco flexible.

dispersion *(f)* Dispersión.

displacement *(m)* Desplazamiento.

display *(f)* Presentación, visualización, pantalla.

display *(v)* Presentar o mostrar en pantalla, visualizar.

dissipate *(v)* Disipar.

distribute *(V)* Distribuir.

distributed database *(f)* Base de datos distribuida.

disturbance *(f)* Alteración, perturbación.

ditto *(m)* Ídem.

divider *(m)* Divisor.

DIX (Dec Intel Xerox) Conector

DLC (Data Link Control) Control de Enlace de Datos.

DLE (Data Link Escape) Escaped de Enlace de Datos.

DMA (Direct Memory Access) Acceso Dinámico de Memoria.

DMA (Direct memory access) Acceso Directo a Memoria.

DMAC (Direct memory access channel) Canal de acceso Directo a Memoria.

DMCL (Device Media Control Language) Lenguaje de Control de Dispositivos.

DML (Data Manipulation Language) Lenguaje de Manipulación de Datos.

DMM (Digital Multi-Meter) Multímetro digital, polímetro digital.

DMOS (Double-Difussed MOS) MOS de doble difusión.

DMUX (Demultiplexer) Demultiplexor.

DNA (DEC Network Architecture) Arquitectura de Red DEC.

DNC (Direct Numerical Control) Control numérico directo.

dock *(v)* Acoplar.

dockable *(adj)* Acoplable.

document *(m)* Documento.

documentation *(f)* Documentación.

DOD (Department of Defense) Departamento de Defensa

domain *(m)* Dominio.

dominator *(m)* Dominador.

doorway *(f./adj)* Puerta de entrada.

DOS (Disk Operating System) Sistema Operativo de Disco.

DOS (Disk Operating System) Sisteme Operativo del Disco.

dot matrix *(f./adj)* Matriz de puntos.

dot matrix printer *(f./adj)* Impresora matricialde puntos.

dot *(m)* Punto.

dotted notation *(f./adj)* Notación decimal.

double density *(f./adj)* Doble Densidad.

double strike *(f./adj)* Doble impresión.

double-click *(v)* Hacer doble click.

double-sided disk *(m./adj)* Disco de doble cara.

down *(adv)* Abajo. Inferior.

down count *(f./adv)* Cuenta abajo, cuenta atrás.

download *(v)* descargar, bajar.

downtime *(adv)* Tiempo de inactividad de avería.

downward compatible *(adj/adv.)* Compatibilidad descendente.

DP (Data Processing) Procesamiento de Datos.

DPM (Digital Panel Meter) Medidor de Panel Digital

DPMA (Data Processing Management Association) Asociación para el Manejo de Procesaciento de Datos.

DPS (Data Processing Standards) Normas de procesamiento de datos.

DPSK (Digital Phase Shift Keying) Manipulación de teclado de fase digital.

draft Borrador.

drag *(v)* Arrastrar.

drag and drop *(v)* Arrastrar y soltar, arrastrar y colocar.

dragging *(m)* Deslizamiento.

DRAM (Dynamic Random Access Memory) Memoria de Accesso Alertorio Dinámico. **data** datos *(m/pl)*

DRAM (Dynamic Random Access Memory) Memoria dinámica de acceso aleatorio.

drift *(f./adj)* Deriva de una señal.

drive *(f)* Unidad.

driver *(m)* Controlador.

DRO (Destructive Red-Out) Lectura destructiva.

droop *(f)* Caída.

drop-down menu *(f)* Menú desplegable.

drum *(m)* Tambor.

drum plotter*(m)*Trazador de tambor.

DS/DD Cantidad y Tipo de Superficies Magnéticas de Grabación.

DS/HD Cantidad y Tipo de Superficies Magnéticas de Grabación.

DSCB (Data-Set Control Block) Bloque de control de conjunto de datos.

DSE (Data Switching Exchange) Intercambio por Comunicación de Datos.

DSECT (Dummy Section) Sección Falsa.

DSN (Data Set Name) Nombre del Conjunto de Datos.

DSR (Data Set Ready) Conjunto de Datos.

DSW (Direct Step of Wafer) Paso Directo en Oblea.

DT (Debugging Technique) Técnica de depuración, puesta a punto.

DTE (Data Terminal Equipment) Equipo Terminal de Datos.

DTL (Diode-Transistor Logic) Lógica Diodo-Transistor.

DTMF (Dual-Tone MultiFrequency) Multifrecuencia de Tono Doble.

DTR (Data Terminal Ready) (bus RS-232 C) Terminal de Datos Preparado, en el Bus RS-232-C

DTSS (Darthmouth Time Sharing System) Sistema de Tiempo Compartido Darthmouth.

dual _(adj)_ Dual, doble.

dual-axis _(m./adj)_ Eje dual.

dumb terminal _(f./adj)_ Terminal básico.

dummy instruction _(f./adj)_ Instrucción ficticia.

dummy parameter _(m./pl./adj)_ Parámetros inoperantes, ficticios.

dump _(v)_ Descargar, volcar, vaciar.

duplex _(m)_ Dúplex.

duplexer _(m)_ Duplexor.

duty cycle _(m./adj)_ Ciclo de trabajo.

DVI (Digital Video Interactive Technology) Tecnología Interactiva digital de video.

DVM (Digital Volt Meter) Voltímetro digital.

DXF Formato en que se graban dibujos en AutoCAD.

dynamic _(adj)_ Dinámico/a.

dynamic execution _(f./adj)_ Ejecución Dinámica.

dynamic HTML Variante del HTML que permite crear páginas web más animadas.

E

EA (Electronic Array) Matriz, Conjunto Electrónico.

EAM (Electrical Accounting Machines) Máquinas Eléctricas de contabilidad.

EAROM (Electrical Accounting Machines) Máquinas eléctricas de contabilidad.

earth _(f)_ Tierra, masa.

EBCDIC (Extended Binary-Coded Decimal Interchange Code) Código de Intercambio Decimal, Codificado en Binario Extendido.

EBR (Electron Beam Recording) Grabación por Haz Electrónico.

e-business *(m./adj)* Negocio electrónico.

EC (Error Correcting) Corrección de Errores.

ECB (Event Control Block) Bloque de Control de Sucesos.

echo *(m)* Eco.

ECL (Emitter-Coupled Logic) Lógica de Emisor Acoplado.

ECM (Electronic Counter Measures) Medidas del contador electrónico.

ECMA (European Computer Manufacturing Association) Asociación Europea de Fabricantes de Computadoras.

e-commerce *(m)* Comercio Electrónico.

ED (Error Detecting) Detección de Errores.

edge *(f)* Arista, *(m)* filo

edge triggering *(m)* Disparo, *(f./adj)* activación por flanco.

EDICOM (Educational Communications-USA) Comunicaciones Educativas USA

edit *(v)* Editar.

editor *(m)* Editor.

EDP (Electronic Data Processing) Procesamiento Electgronico de Datos.

EDPE (Electronic Data Processing Equipment) Equipo de Procesamiento Electrónico de Datos.

EDPM (Electronic Data Processing Machine) Máquina de Procesamiento Electrónica de Datos.

EDPS (Electronic Data Processing System) Sistema de Procesamiento Electrónico de Datos.

EDSAC (Electronic Delayed-Storage Automatic Calculator) Computadora Histórica EDSAC.

EDVAC (Electronic Discrete Variable Automatic Calculator) Computadora histórica EDVAC.

EEC (Eurpean Economic Community) Comunidad Económica Europea.

EEPROM (Electrically Erasable Programmable Read Only Memory) Memoria PROM borrable electricamente.

EEROM (Electrically Erasable Read Only Memory) Memoria ROM Borrable Electricamente.

effective address *(adj./f.)* Dirección efectiva.

effectiveness *(adj./f.)* Efectividad de un sistema.

efficiency *(f)* Eficiencia.

efficient *(adj)* Eficiente.

EFL (Emitter Follower Logic) Lógica de seguidor de emisor.

EFT (Electronic Funds Transfer) Transferencia bancaria electrónica de fondos.

EFTS (Electronic Funds Transfer Service) Servicio de Transferencia Bancaria Electrónica.

EGA (Enhanced Graphics Adapter) Adaptador Gráfico de Video.

EIA (Electronic Industries Association) Asociación de Industrias Electrónicas.

EIN (European Informatics Network) Red Europea de Informática.

EIS (Extended Instruction Set) Repertorio Ampliado de Instrucciones.

EISA (Extended Industry Standard Architecture) Arquitectura Extendida Estandar de la Industria.

EL (Electro Luminescent) Electro Luminiscente.

elapsed time *(m./adj.)* Tiempo transcurrido.

electricity *(f)* Electricidad.

electrode *(m)* Electrodo.

electron *(m)* Electrón.

electron band *(f./adj.)* Banda de electrones.

electron beam *(m./adj.)* Haz de electrón.

electronic bulletin board *(f./adj.)* Sistema de Tablón de Anuncios Electrónico.

electronic publishing *(f./adj.)* Publicación electrónica.

electronics *(f)* Electrónica.

electrostatic *(f)* Electrostática.

elevation *(f)* Elevación.

ELINT (Electronic Intelligence) Inteligencia Electrónica.

ellipses *(m./pl.)* Puntos suspensivos (...).

EM (End of Medium) Fin de Medio.

em dash *(m./adj.)* Guión largo.

em space *(m./adj.)* Espacio largo.

e-mail *(m./adj.)* correo electrónico.

e-mail address *(f)* Dirección de correo electrónico.

embed *(v)* Incrustar.

embedded system *(m./adj.)* Sistema Insertado.

EMI (Electro Magnetic Interference) Interferencia electromagnética.

emoticon *(m)* Emoticón.

empty *(adj)* vacío

empty statement *(f./adj.)* Sentencia vacía.

emulate *(v)* Emular, imitar.

emulation *(f)* Emulación.

emulator *(v)* Emulador.

enable *(v)* Activar, habilitar, permitir poner en servicio.

encapsulate *(v)* Encapsular.

enclosure *(f)* Cápsula, pastilla.

encode *(v)* Codificar.

encoder *(m)* Codificador.

encrypt *(v)* Cifrar, encriptar.

encryption *(f)* Encriptación, cifrado.

end *(m./adv.)* Extremo, final, fin.

end mark *(adv./m.)* Final de Fichero.

endash *(m./adj.)* Guión corto.

endless loop *(adj./m.)* Lazo sin fin.

end-user *(m./adj.)* Usuario final.

energize *(v)* Energizar, dar energía.

engine *(m)* Generador, *(f)* máquina, *(m)* motor.

engineer *(m)* Ingeniero.

enhance *(v)* Mejorar, innovar, aumentar, ampliar.

ENIAC (Electronic Numerical Integrator And Calculator) Computadora totalmente diseñada en la década de los cincuenta.

ENQ (Enquiry Control Character) Carácter de Control de Información.

enter *(v)* Introducir.

entire buffer *(m./adj.)* Buffer completo.

entity *(f)* Entidad.

entry *(f)* Entrada, *(m)* elemento.

entry point *(m./adv.)* Punto de entrada.

enumerate *(v)* Enumerar.

environment *(m)* Entorno, ambiente.

EOB (End of Block) Fin del bloque.

EOC (End of Character) Final de carácter.

EOF (End of File) Fin del Archivo.

EOJ (End of Job) Fin de trabajo.

EOM (End of Message) Fin de mensaje.

EOR (Endo or Record) Fin de registro.

EOT (End of Transmission) Fin de transmisión

EOV (End of Volume) Fin de volumen.

EPI (Epitaxial crystal) Cristal epitaxial.

EPROM (Erasable Programable- Read Only Memory) Memoria de Sólo Lectura Borrable y Programable.

EPS (Encapsulated Postscrip) Texto final encapsulado.

EPSS (Experimental Packet Switched Service) Servicio experimental de conmutación de paquetes.

EQ (Equal to) Igual a.

equalizer *(m)* Ecualizador.

equivalence *(f)* Equivalencia.

erase *(v)* Borrar, suprimir.

ergonomic *(m)* Ergonómico.

ERLL Tramo Recorrido Limitado, Mejorado.

EROM (Eraseble Read Only Memory) Memoria ROM borrable.

error *(m)* error

error handling *(f./adj.)* Manipulación de errores.

escape *(m)* Escape.

ESD (External Symbol Dictionary) Diccionario de Símbolos Externos.

ESDI (Enhanced Small Disk Interface) Pequeña Interfaz de Disco Mejorada.

ESS (Electronic Switching System) Sistema de conmutación electrónica.

EST (Eastern Standard Time) Hora Estándar de USA

ETB (Endo of Transmission Block) Fin de bloque de transmisión.

ethernet *(f./adj.)* Set de standars para infraestructura de red.

ETX (End of Text) Fin de texto.

even *(m)* Par.

event *(m)* Evento..

event handler *(m./pl./adj.)* Manejador de eventos.

event-driven *(adj./m./pl.)* Activado por eventos.

example *(m)* Ejemplo.

exception report *(m./adj.)* Informe de excepción.

exchange *(v)* Cambiar, intercambiar.

exclusion *(f./adj.)* Exclusión.

EXEC (Executive Control System) Sistema Ejecutivo de Control.

execute *(v)* Ejecutar.

execution *(f)* Ejecución.

executive *(m)* Ejecutivo.

executive program *(f./adj.)* Programa ejecutivo.

exit *(f.)* Salida; *(v)* Salir.

expand *(v)* Expandir.

expansion slot *(f./adj.)* Ranura de expansión.

expert system *(f./adj.)* Sistema experto.

explore *(v)* Explorar.

exponent *(m)* Exponente.

exponential *(adj)* Exponencial.

export *(v)* Exportar.

expression *(f)* Expresión.

EXT (End of Text) Fin de Texto.

extensibility *(adj)* Extensibilidad, ampliación.

extensible *(adj)* Ampliable, extensible.

extension *(f)* Extensión.

extensor guides *(f./pl./adj.)* Guías extensoras.

external *(adj)* externo

extract *(v)* Extraer.

extractor *(m)* Extractor.

extranet *(m)* Extranet.

extrapolate *(v)* Extrapolar.

e-zine *(f./adj.)* Revista electrónica.

F

4GC (Fourth Generation Computer) Computadora de Cuarta Generación.

F (Flag) Indicador

F-8 Microprocesador de Fairchild de 8 bits

failure *(m)* Fallo, *(f)* avería.

FAMOS (Floating-Gate Avalanche Injection) MOS de injección de Avalancha de Puerta Flotante.

fanfold paper *(m./adj.)* Papel continuo.

FAPS (Financial Analyis and Planning System) Análisis Financiero y Sistema de Planificación.

far field *(m./adv.)* Campo lejano.

fast *(adj/adv.)* Rápido, veloz.

FAST (Flexible Algebraic Scientific Translator) Traductor Científico Algebraico Flexible.

fast ethernet *(m./adj.)* Un nuevo estándar de Ethernet que provee velocidad de 100 megabits por segundo.

FAT (File Allocation Table) Tabla de asignación de archivos.

fault *(f)* Avería, *(m)* fallo.

fault-tolerant system *(m./adj.)* Sistema tolerante a fallos.

faulty file *(m./adj.)* Archivo defectuoso.

favorite *(adj)* Favorito.

FAX (Facsmile) Facsímil.

fax *(m)* Fax; *(v)* mandar un fax.

fax-modem *(m)* Fax-módem, PC Fax.

FCB (File Control Block) Bloque de Control de Fichero.

FCC (Federal Communications Commission) Comisión Federal de Comunicaciones.

FCP (File Control Program) Programa de Control de Fichero.

FD (Floppy Disk) Disco flexible.

FD (Full Duplex) Transmisión "full duplex"

FDC (Floppy Disk Controller) Controlador de Disco Flexible.

FDM (Frequency Division Multiplexing) Multiplexado por división de frecuencia.

FDOS (Floppy Disk Operating System) Sistema Operativo de Disco Flexible.

FDX (Full Duplex) Comunicación Simultánea en dos Sentidos.

FE (Framing Error) Error de Cuadro.

feature *(f)* Característica, Función, prestación.

FEC (Forward Error Correction) Corrección de Error Adelantada.

feed *(v)* Alimentar.

feedback *(f)* Realimentación, retroalimentación.

de archivos.

feedback circuit *(m./adj.)* Circuito de realimentación.

feeder *(m)* Alimentador.

feedthrough insulator *(m./adj.)* Aislador de paso.

FEP (Front End Processor) Procesador Frontal.

FET (Field Effect Transistor) Transistor de efecto campo.

fiber optic*(m)* Fibra óptica.

fiche *(f)* Ficha.

field *(m)* Campo.

FIFO (First in- First Out) El Primero en Entrar es el Primero en Salir.

file *(m)* Fichero, archivo; *(v)* archivar, guardar.

file attribute *(m./adj.)* Atributo de fichero.

file backup *(f./adj.)* Copia de seguridad de un fichero.

file conversion *(m./pl/.adj.)* Conversion de archivos

file deletion *(m./pl./adj.)* borrado de archivos

file format *(m./adj.)* Formato de fichero.

file handling rempaing *(m./adj.)* Reasignación de gestión de archivos.

file log *(m./adj.)* Archivo del registro.

file manager *(adj./m/pl.)* Administrador

file server *(m./adj.)* servidor de archivos

file transfer *(f./adj.)* Transferencia de Ficheros.

filename *(m./adj.)* Nombre de archivo.

filing *(f)* Clasificación, catalogación.

FILO (First in- Last Out) El primero en Entrar es el Ultimo en Salir.

filter *(m)* Filtro.

filter core *(m)* Corazón del filtro.

find *(v)* Encontrar.

fingerprint *(f)* Huella.

finite *(adj)* Finito.

FIPS (Federal Information Processing Standards) Normas Federales de Procesamiento de Información.

firewall *(f./adj.)* Es el tráfico de la red que debe pasar primero a través de la computadora.

firewall facility *(f)* Instalación, *(m)* equipo.

firm *(f)* Empresa.

firmware *(f./adj.)* Memoria Fija, programación fija.

fit *(m)* Ajuste.

five-part forms *(m)* Original y 4 copias.

fixed disk *(m./adj.)* Disco duro.

fixed screws *(m./adj.)* Tornillos de fijación.

fixed spacing *(adj)* Espaciado fijo.

flag bit *(m./adj.)* Bit indicador.

flag Indicador *(f)* bandera, *(m)* señalizador.

flag notifier *(m./adj.)* Notificador de indicador.

flat *(adj)* Sin relieve, llano, plano.

flat fare *(f./adj.)* Tarifa plana.

flat panel touch screen *(f./adj.)* screen Pantalla táctil.

flat screen *(f./adj.)* Pantalla plana.

flatbed plotter *(m./adj.)* Trazador plano.

flat-panel display *(f./adj.)* Pantalla plana.

flicker *(m)* Parpadeo.

flip flop *(m)* Flip - flop.

floating *(adj)* Flotante.

floppy disk *(adj./m.)* Disco flexible, disquete.

floppy drive *(f)* Disquetera.

floptical disk *(m./adj.)* Disco óptico regrabable.

flow *(v)* Fluir.

flow control *(m./adj.)* Control de flujo.

flowchart *(f./adj.)* Diagrama de flujo.

FLPA (Field Programmable Logic Array)

Matriz Lógica de Campo Programable.

fluctuation *(m)* Fluctuación.

flush *(v)* Vaciar.

flush right *(m./adv.)* Alineación por la derecha.

fly-back *(v)* Retornar.

FM (Frequencyh Modulation) Modulación en Frecuencia.

FMS (File Management System) Sistema de Gestión de Ficheros.

focus *(m)* Enfoque.

folder *(f)* Carpeta.

folder log *(f./adj.)* Carpeta del registro.

font *(f./adj.)* Tipo de letra.

font cartridge *(m./adj.)* Cartucho de tipos de letra.

footer *(m./adj.)* Pie de página.

footnote *(f./adj.)* Nota a pie de página.

forecasting *(m./adj.)* report Informe de previsión.

foreground *(m./adj.)* Primer plano, frente.

foreground color *(m./adj.)* Color de primer plano.

foreground program *(f./adj.)* Programa prioritario.

form *(m)* Impreso, formulario.

form feed *(m)* Avance, *(f./adj.)* alimentación de página.

FORMAC (Formula Manipulation Compiler) Compilador de Manipulación de Fórmulas.

formal *(adj)* Formal.

format *(m)* formato; *(v)* formatear.

forms parking *(m./adj.)* Estacionamiento de papel.

formula *(f)* Fórmula.

FORTH Lenguaje de Programación FORTH

FORTRAN (Formula Translator) Traductor o Fórmula.

forum *(m)* Foro.

forward *(v)* Reenviar (RV).

forward slash *(f./adj.)* Barra diagonal.

fourth-generation language (4GL) *(m./adj.)* Lenguaje de Cuarta Generación (L4G).

FP (Floating Point) Coma Flotante.

FPA (Floating Point Addition) Suma con Flotante.

FPD (Floating Point Division) Division en Coma Flotante.

FPGA (Field Programmable Gate Array) Matriz de Puertas de Campo Programable.

FPLS (Field Programmable Logic Sequencer) Secuenciador Lógico de Campo Programable.

FPM (Floating Point Multiplication) Multiplicación) Multiplicación en Coma Flotante.

FPU (Floating Point Unit) Unidad de Coma Flotante.

fractal *(adj)* Fractal.

fraction *(f)* Fracción.

fragmentation *(f)* Fragmentación.

Frame *(m)* Trama, Estructura..

frame *(v)* Encuadrar, enmarcar.

frame relay *(m./adj.)* Relevo por etapas.

frame status *(m./adj.)* Estado de la Trama.

free software *(m./adj.)* Software libre.

freenet *(f./adj.)* Red gratuita.

freeware *(m./adj.)* Software gratuito.

freeze *(v)* Inmovilizar, congelar.

frequency *(f)* Frecuencia.

frequency band *(f./adj.)* Banda de frecuencias.

frequency modulation *(f./adj.)* Modulación de frecuencia.

frequency shift *(f./adj.)* Desplazamiento de frecuencia.

friction feed *(f./adj.)* Alimentación de fricción.

FROM (Fusable Read-Only Memory) Memoria de sólo Lectura de Fusibles.

front end *(adj)* Frontal.

front end of a compiler *(f./adv.)* Etapa inicial de un compilador.

front-end processor *(f./adj.)* Procesador frontal.

FSK (Frequency Shift Keying) Modulación por Desplazamiento de Frecuencia.

FSM (Finite-State Machine) Máquina de Estados Finitos.

FSR (Full Scale Range) Rango o Margen de Escala Total.

FT (File Transfer) Transfereencia de ficheros.

FT (Funcional Test) Prueba Test Fucional.

FTP (File Transfer Protocol) Protocolo de transferencia de ficheros.

fulcrum *(m)* Punto de apoyo, palanca.

full *(adj)* Completo, total, lleno.

fully distributed network *(m./adj.)* Red totalmente distribuida.

function *(f)* Función.

functional *(adj)* Funcional.

fundamental *(adj)* Fundamental.

fuse *(m)* Fusible.

fuzzy computer *(m./adj.)* Ordenador difuso.

fuzzy logic *(f./adj.)* Lógica difusa.

FVC (Frequency to Voltage Converter) Convertidor Frecuencia a Tensión.

G

GE (General Electric) General Electric

GEC (General Electric Company) Compañía General Electric.

GECOS (General Electric Comprehensive Operating System) Sistema Operativo Comprensivo de General Electric.

GI (General Instruments) Instrumentos Generales

GIF (Graphics Interchange Format) Formato Intercambio Gráfico

GIGO (Garbage In, Garbage Out) Entrada y Salida de Basura

GMAP (General Macro Assembly Pramming) Programación General en Macroensamblador.

GMP (General Macro Processing) Procesamiento General de Macros.

GMT (Greenwich Mean Time) Hora de meridiano de Greenwich.

GNC (Ground) Tierra.

GOSIP (Government Open Systems Interconnection Profile) Perfil de Interconexión de Sistemas Abiertos del Gobierno de USA

GP (General Processor) Procesador General

GP (General Purpose) Propósito general

GPC (General Purpose Computer) Computadora de Propósito o Aplicación General.

GPI (Graphics Programming Interface) Interfaz de Programación Gráfica.

GPIB (General Purpose Interface Bus) Bus de Interfaz de Propósito General.

GSP (General Purpose Simulation Program) Programa de Simulación de Propósito Aplicación General.

GRTS (General Real Time System) Sistema General de Tiempo Real.

GS (Gropup Separator) Separador de Grupo.

GSE (Group Switching Exchange) Intercambio de Grupos por Conmutación.

GT (Greater Than) Mayor Que.

GUI (Graphical User Interface) Interfaz Gráfica para el Usuario.

graphics *(m/pl)* gráficos

guarantee *(f)* garantía

gateway *(m)* Dispositivo utilizado para conectar diferentes tipos de ambientes operativos.

gain *(f)* Ganancia.

gain access *(v)* Acceder.

game *(m)* Juego.

game port *(m./adj.)* Puerto de juegos.

gamut *(f)* Gama de colores.

gap *(m)* Intervalo, hueco, espacio.

garbage *(f./adj.)* Información no válida, basura.

gas discharge display *(m./adj.)* Visualizador de descarga gaseosa.

gate *(m./f.)* Puerto/a.

gateway *(f./adj.)* Puerta de enlace, ruta de acceso.

gauge *(m)* Calibre, indicador, medida.

generate *(v)* Generar.

generation *(f)* Generación.

generator *(m)* Generador.

get acquainted *(adj)* Familiarizarse.

gig *(f)* Giga.

glare *(m./adj.)* Reflejo de la pantalla, *(m)* deslumbramiento.

glare-free *(m./adj.)* screen Pantalla anti-reflectante.

glitch *(m./adj.)* Fallo técnico. Ruido, interferencia.

global *(adv)* Global.

global village *(f./adv.)* Aldea global.

globalization *(f)* Globalización.

glossary *(m)* Glosario.

gopher *(m)* Teletexto.

grant *(v)* Conceder.

granularity *(adj)* Granularidad.

graph *(m)* Gráfico.

graphic *(adj)* Gráfico.

graphic accelerator *(m./adj.)* Acelerador gráfico.

graphic display *(f./adj.)* Representación gráfica.

graphic interface *(f./adj.)* Interfaz Gráfica.

graphical user interface *(f./adj.)* Interfaz gráfica de usuario.

graphics pages per minute *(f./adj.)* Páginas gráficas por minuto.

grayscale *(f./pl)* Escala de grises.

greater than *(adj)* (>) Mayor que, mayor de (>).

grid *(f)* Rejilla, cuadrícula.

gridline *(f)* Cuadrícula.

grind *(f)* Rutina.

ground *(f)* Tierra de protección.

ground rules *(f./adj.)* Normas básicas.

group *(m)* Grupo.

Grouping *(f)* Agrupación.

groupware *(m./adj.)* Conjunto de programas.

guard band *(f./adj.)* Banda de guarda.

guest *(m)* Invitado.

guide *(m)* Manual, guía.

guidelines *(m)* Instrucciones.

guru *(m)* Gurú.

H

hack *(v)* Piratear, sabotear, hackear.

hacker *(m./adj.)* Pirata informático, intruso informático.

hacker violador de información *(m./adj.)*, pirata de informatico *(m./adj.)*

hacking *(f)* Intrusión informática, *(adj)* pirateo.

half mitad *(f)*

halftone *(adj)* Mediotono.

halt *(v)* Detener, parar, interrumpir.

handbook *(m)* Manual.

handheld computer *(m./adj.)* Ordenador de mano.

handle *(f)* Asa.

handler *(adj)* Manipulador.

handshaking *(adj)* Saludo inicial.

hang *(m./adj.)* Ordenador colgado.

hang up *(v)* Finalizar la session.

hard copy *(f./adj.)* Copia impresa.

hard disk *(m./adj.)* Disco duro.

hard drive *(m)* Disco duro.

hardware *(m)* Hardware, material.

hardware *(m./pl.)* todos los componentes físicos de la computadora y sus periféricos.

hardwired *(adj)* Cableado.

harmonic *(adj)* Armónico.

hash *(m./adj.)* Información parásito.

hayes command *(m./adj.)* Comando Hayes.

HCM (Hard Core Module) Módulo de Núcleos Rígidos o Duros.

HDLC (High-Level Data Link Control) Control de Enlace de datos de Alto Nivel.

HDX (Half Duplex) Semidúplex.

head *(f)* Cabecera.

head-cleaning device *(m./adj.)* Dispositivo de limpieza de cabezales.

header *(m)* Encabezado, *(f)* cabecera.

heap *(f)* Pila, *(m)* montón.

height *(f)* Altura.

help *(f)* Ayuda.

help screen *(f./adj.)* Pantalla de ayuda.

helpdesk *(f)* Ayuda técnica.

hertz *(m)* Hercio: unidad de frecuencia electromagnética. Equivale a un ciclo por segundo.

hertz *(m./pl.)* Hercios, número de ciclos por segundo.

heuristic *(adj)* Heurístico.

HEX (Hexadecimal) Hexadecimal

hexadecimal *(adj)* Hexadecimal.

HI (High) Alto/a

hidden file *(m./adj.)* Fichero oculto.

hide *(v)* Ocultar.

hierarchical *(adj)* Jerárquico/a.

hierarchical network *(f./adj.)* Red jerárquica.

hierarchy *(m)* Jerarquía.

high *(adj)* Alto/a.

high band *(f./adj.)* Banda alta.

high density *(f./adj.)* Alta densidad.

high density disk *(m./adj.)* Disquete de alta densidad.

high frequecy band *(f./adj.)* Banda de alta frecuencia.

high impedance *(f./adj.)* Alta impedancia.

high resolution *(f./adj.)* Alta resolución.

high resolution alta definición *(f./adj.)* alta resolucion

highlight *(v)* Resaltar, realzar.

high-tech *(f)* Tecnología punta.

hint *(f)* Sugerencia.

hipertext (m) Hipertexto. Textos enlazados entre sí.

history *(f)* Historia.

hit *(m)* Impacto, golpe.

HLL (High Level Language) Lenguaje de Alto Nivel.

HMOS (High-speed MOS) **MOS** de alta velocidad.

hoax *(m)* Bulo, camelo. E-mail que contiene rumores falsos.

hold *(v)* Retener, sujetar, mantener, contener.

hold down *(v)* Mantener una tecla pulsada.

hologram *(f./adj.)* imagen tridimensional creada por proyección fotográfica.

home computer *(m./adj.)* Ordenador doméstico, familiar.

home key *(f./adj.)* Tecla de inicio.

homepage *(f./adj.)* Página de entrada, página inicial, página principal, página de bienvenida, página de presentación.

hop *(m./adj)* Salto horizontal

host server *(m./adj.)* Servidor anfitrión.

hosting *(m)* alojamiento.

hot key *(f./adj.)* Tecla caliente.

housekeeping *(f./adj.)* Operaciones de verificación.

housing *(m)* Alojamiento, envoltorio.

HPFS (Hig Performance File System) Sistema de Archivos de Alta Interpretación.

HSP (High-Speed Printer) Impresora de Alta Velocidad.

HSR (High-Speed Reader) Lectora de Alta Velocidad.

HT (Horizontal Tabulation) Tabulación Horizontal.

hub *(m)* Centro, eje. Concentrador.

hub *(m)* Concentrador. Dispositivo que se utiliza típicamente en topología en estrella como punto central de una red,

handheld *(f)* Computadora de tamaño pequeño.

hue *(adj)* Tonalidad, matiz.

hybrid *(adj)* Híbrido.

hyperlink *(m)* Hipervínculo,

hypertext *(m)* Hipertexto.

hyphen *(m)* Guión.

hyphenation *(m./pl./adv.)*Separación por guiones.

HZ (Hertz) Hertz Ciclos por segundo.

I

I/F (Interface) Interfaz.

I/O (bound) Limitado por la E/S

I/O (Input/Output) Entrada/Salida

IA (International Alphabet) Alfabeto Internacional

IAL (International Algebraic Language) Lenguaje Algebraico Internacional.

IAPX 432 Microprocesador Avanzado de INTEL

IAR (Instruction Address Register) Registro de Dirección de Instrucción.

IBD (Logic Block Diagram) Diagrama Lógico de Bloques.

IBERPAC Red de Comuncación de Datos de Computación por Paquetes (CTNE)

IBG (InterBlock Gap) Banda Interbloques.

IBM (International Business Machines Corporation) Corporación Internacional de Máquinas Comerciales.

IBM/PC (IBM Personal Computer) Computadora Personal IBM

IBM-compatible *(adj)* Compatible con IBM.

IC (Integrated Circuit) Circuito integrado.

ICC (International Computation Center) Centro Internacional de cálculo.

ICE (In Circuit Emulator) Emulador en Circuito.

ICI (Instruction Counter and Indicators) Contadores e indicadores de instrucción.

ICIP (International Conference on Information Processing) Conferencia Internacional en Procesamiento de Información.

ICL (International Computers Ltd.) United Kingdom) Fabricante Inglés de Computadoras, ICL.- Inglaterra

icon *(m)* Icono.

Iconify *(v)* Iconizar.

ICU (Integrated Control Unit) Unidad integrada de Control.

IDB (Intermediate Block Diagram) Diagrama de Bloques Intermedio.

IDE (Integrated Drive Electronics) Interfaz estandar.

identifier *(m)* Identificador.

IDP (Integrated Data Processing) Procesamiento Integrado de Datos.

IDPM (Institute of Data Processing Management- United Kingdom) Instituto de Procesamiento de Datos-Inglaterra.

IDS (Integrated Data Store) Almacén Integrado de Datos.

IEE (Institute of Electrical Engineers) Instituto de Ingenieros Electrónicos del Reino Unido

IEEE (Institute of Electrical and Electronics Engineers) Instituto de Ingenieros Eléctricos y Electrónicos de USA

IEEE-488 Bus de datos estándar IEE-488

IEEE-696 Bus estádar S-1OO

IFCS (International Federation of Information Processing) Federación Internacional de Ciencias de Computadoras.

IFIP (International Federation of Information Processing) Federación Internacional de Procesamiento de Información.

IGFET (Insulated Gate Field-Effect Transistor) Transistor de Efecto de Campo de Puerta Aislada.

ignition *(m)* Encendido, ignición.

ignore *(v)* Ignorar.

IIL (Isoplanr Injection Logic) Lógica de Ibnyección Isoplanar.

IL (Intermediate Language) Lenguaje intermedio.

ILLIAC (Illinois Automatic Computer) Computadora automática de Illinois.

image *(f)* Imagen.

image imagen *(f)*

IMIS (Integrated Management Information System) Sistema Integrado de Gestión de Información.

immediate *(adv)* Inmediato.

immunize *(v)* Inmunizar.

IMP (Interface Message Processor) Procesador de Interfaz de Mensajes (ARPANET)

impact printer *(f./adj.)* Impresora de impacto.

impedance *(adj)* Adaptación de impedancias.

impedance *(f)* Impedancia.

imperative *(adj)* Imperativo/a.

implement *(v)* Implementar.

implementation *(f./adj.)* Almacén de implementaciones.

IMS (Information Management System) Sistema de gestión de información.

inactive *(adj)* Inactivo.

inactive status *(m./adj.)* Estado inactivo.

inbox folder *(f./adj.)* Carpeta de entrada.

inch *(f)* Pulgada.

increment *(v)* Incrementar, añadir.

incrementation *(f)* Incrementación.

incrementer *(m)* Incrementador.

indent *(adj)* Sangrado.

indent *(v)* Indentar, sangrar.

indentation *(adj)* Sangrado.

index *(m)* Índice; *(v)* indexar

indexing *(f)* Indexación.

indicator *(m)* Indicador.

indirect *(adj)* Indirecto.

Infoaddict *(adj)* Infoadicto.

information *(f)* Información.

information superhighway *(f./adj.)* Autopista de información.

information technology *(f)* Informática.

infra-red *(adj)* Infrarrojos (rayos).

inheritance *(f)* Herencia.

inhibit *(v)* Inhibir.

in-house Interno.

initialization *(f)* Inicialización.

initialize *(v)* Inicializar.

initiate *(v)* Inicializar, iniciar.

ink *(f)* Tinta.

ink cartridge *(m)* Cartucho de tinta.

inkjet printer *(f)* Impresora de chorro de tinta.

inner *(adj)* Interno.

input *(f)* Entrada; *(v)* entrar.

input power *(f./adj)* Potencia de entrada.

input/Output *(f)* Entrada/Salida.

inquiry *(f)* Consulta.

INRIA (Institut National de la Recherche en Informatique et Automatique) (Instituto Nacional de Investigación en Informática y Automática en Francia.

insert *(v)* Insertar.

install *(v)* instalar

installation *(f)* Instalación.

instruction *(f)* Instrucción.

insulating material *(m./adj)* Material aislante.

insulation *(m)* Aislamiento.

insulator *(adj)* Aislador.

INT (Interrupt) Interrupción

integer *(m./adj.)* Número entero.

integral *(adj)* Integral.

integrate *(v)* Integrar.

integrating circuit *(m./adj)* Circuito sumador.

integration *(f)* Integración.

integrator *(m)* Sumador.

integrity *(f)* Integridad.

intelligence *(f)* Inteligencia.

intelligent *(adj)* Inteligente.

intensity *(adj)* Intensidad.

interactive *(adj)* Interactivo.

interface *(f)* Interfaz, *(m)* interconector.

interface *(v)* Interconectar.

interface card *(f./adj)* Tarjeta interfaz.

interface *(f)* interface

interface parallel interface *(adv)* en paralelo

interface serial interface *(adv)* en serie

interlace *(v)* Entrelazar, concatenar.

interlacing *(adj)* Entrelazado.

Interleaving *(f)* Intercalación.

interlock *(m)* Protección, bloqueo.

intermittent *(m)* Parpadeando.

internal *(adj)* interno/a

internaut *(f)* Internauta.

internet *(f./adj.)* Red interna.

internet address *(m)* Dirección de Internet.

internet explorer *(m)* Explorador de Internet de Microsoft.

internet service provider *(m)* Comañía que ofrece los servicios Internet.

interoperability *(f)* Interoperatividad.

interpolate *(adj)* Interpolar.

interpretation *(f)* Interpretación.

interpreter *(m)* Intérprete.

interrecord gap *(m)* Intervalo inter-registros.

interrogate *(v)* Interrogar, consultar.

interrupt *(f)* Interrupción.

intersection *(f)* Intersección.

interval *(m)* Intervalo.

intranet *(m)* Intranet.

invalid *(adj)* No válido.

inventoty *(m)* Inventario.

inverse *(adj)* Inverso/a. Recíproco.

inverter *(m)* Inversor.

invoke *(v)* Llamar, invocar.

IOCS (Input/Output Control System) Sistema de Control de Entrada/Salida.

IOP (Input/Output Processor) Procesador de Entrada/Salida

IOR (Inclusive OR) Puerta lógica OR.

IP address *(m)* Dirección IP.

IRLA (Institut de Recherde d'Informatique et d'Automatique) Instituto de Investigación de informática y Automática en Francia.

IRQ (Interupt Request Query) Pedido de interrupción.

irregularity *(f)* Anomalía.

ISA (Industry Standard Architecture) Arquitectura Estandar para la Industria.

ISAM (Indexed Sequential Access Method) Método de Acceso Secuencial Indexado.

ISDN (Integrated Services Digital Network) Red Digital de Servicios Integrados.

ISIS (Intel System Implementation Supervisor) Supervisor de Implementación del Sistema INTEL.

ISM (Information System Management) Gestión de Sistemas de Información.

ISO (International Standards Organization) Organización Internacional de Estándares

ISO (International Standards Organization) Organización Internacional de Normalización.

isolation *(adj)* Aislamiento.

isolator *(m)* Aislador.

ISR (Information Storage and Retrieval) Recuperación y Almacenamiento de Información.

italic *(f)* Cursiva.

item *(m)* Dato, elemento, artículo.

iterate *(v)* Iterar, repetir.

iterative *(m)* Iterativo.

ITT (International Telephone and Telegraphs) Compañía internacional ITT (Teléfonos y Telégrafos)

ITU (International Telecommunications Union) Unión internacional de telecomunicaciones.

J

jack *(m)* Enchufe.

jaggies *(adj)* Irregularidades (de trazos).

jam *(adj)* Atascamiento.

jam in paper feed *(m./adj.)* atasco en el suministro de papel

jam-free *(adj)* Anti-interrupción, antibloqueo.

jamming *(f./adj.)* Interferencia intencionada.

janitor *(m)* Depurador.

jargon *(f)* Jerga.

JDL (Job Description Language) Lenguaje de Descripción de Trabajos.

JES (Job Entry Subsystem) Subsistema de Entrada de Trabajos.

JFCB (Job File Control Block) Bloque de Control de Fichero de Trabajo.

JFET (Junction Field-Effect Transistor) Transistor de Unión de Efecto de Campo.

jitter *(adj)* Inestabilidad (de la imagen).

JLC (Job Control Language) Lenguaje de Control de Trabajos.

job *(m)* Trabajo, encargo, tarea.

join *(v)* Unir, asociar.

joystick *(f)* Palanca de control, palanca de mando.

joystick rotation *(m./adv.)* Rotación del joystick.

jump *(m)* Salto, bifurcación.

jump term *(f./adj.)* Palabra puente.

jumper *(m)* Jumper, puente, saltador.

junk mail *(m./adj.)* Correo basura.

justification *(f)* Justificación.

justify *(v)* Alinear, justificar.

K

K Abreviatura de mil y kilo.

KB (Kilo Bit) Kilo-bit

KB (Kilo-Byte) Kilo byte, kilo-octeto.

KCS (K Characters per second) Mil Caracteres por Segundo.

kernel *(m)* Núcleo de un sistema operativo.

kernel *(m)* núcleo o parte esencial de un sistema operativo. Provee los servicios básicos del resto del sistema.

kerned letters *(f./pl.)* Letras solapadas.

kernel mode *(adj)* Modo privilegiado.

kerning *(m)* Talud.

key *(f)* Clave, llave, tecla.

key fingerprint *(f./adj.)* Huella de clave.

key in *(v)* Introducir, entrar.

key pair *(f./adj.)* Par de claves.

keyboard *(m)* Teclado.

keyboard layout *(m./adj.)* Disposición del teclado, diseño del teclado.

keypad *(m./adj.)* Teclado numérico.

keypunch *(f)* Perforadora.

keyring *(m./adj.)* Archivo de claves.

Keystroke *(f./adj.)* Pulsación de tecla.

key-to-disk computer *(m./adj.)* Ordenador de entrada directa de datos.

keyword *(m)* palabra clave para cualquier búsqueda.

KIL (Kilo-cicle) Kilo-Ciclo.

kill a client *(v)* Dar de baja a un cliente.

kilobit *(m)* 1.024 bits.

kilobyte (KB): unidad de medida de una memoria. **knot** *(m)* Nudo.

KSAM (Keyed Sequential Access Mehtod) Método de Acceso Secuencial por Claves.

KSR (Keyboard Send and Receive) Teclado de Transmisión y Recepción.

KW (Key-Word) Kilo Watt

KWIC (Key Word-In-Context) Palabra Clave en Contexto.

KWIT (Key Word in Title) Palabra Clave en Título.

KWOC (Key Word Out of Context) Palabra Clave Fuera de Contexto.

L

lag *(m)* Retardo.

LALR (Look Ahead LR parsing) Análisis Analítico LALR

LAN (Local Area Network) Red Local de Computadoras.

landscape *(adj)* Apaisado, horizontal.

language *(m)* Idioma, lenguaje.

LAP (Link Access Protocol) Protocolo de acceso al enlace.

laptop computer *(f./adj.)* Ordenador de regazo, PC portátil.

LASER (Light Amplification by Stimulated Emission of Radiation) Amplificación de la Luz por Emisión Estimulada de Radiación)

laser *(m)* Láser.

laser printer *(f./adj.)* Impresora láser.

latency *(adv)* Espera, cadencia. Latencia.

launch *(v)* Lanzar.

layer *(f)* Capa, nivel.

layout *(m)* Esquema, esbozo, diseño. Disposición.

LC (Lower Case) Letras Minúsculas (caja interior)

LCD (Liquid Crystal Display) Pantalla de Cristal Líquido.

LCN (Local Computer Network) Red Local de Computadoras.

LCS (Large Capacity Store) Almacenamiento de Gran Capacidad.

LDM (Line-Driver Modem) Modem Controlador de Línea.

LDRI (Low-Data Rate Input) Entrada de Frecuencia de Datos.

LDT (Logic Design Translator) Traductor de Diseño Lógico.

LE (Less than or Equal to) Menor que o igual a.

leased line (f./adj.) Línea especializada.

LED (Light Emitting Diode) Diodo Emisor de Luz

leg (f) Rama.

legend (f) Leyenda.

length (f) Longitud.

less than (adj) (<) Menor que, menor de (<).

level (m) Tono, nivel, (f) cota.

LF (Line Feed) Avance de Línea.

LFU (Least Frequently Used Memory) Memoria Utilizada Menos Frecuentemente.

librarian (m) Bibliotecario.

library (f) Biblioteca.

license (f) Licencia.

Licensed (adj) Autorizado.

lid (f) Tapa.

life cycle (m./adj.) Ciclo de vida.

LIFO (Last In Fist Out) Primero en Entrar, Último en Salir.

line (f) Línea.

line art (m./adj.) Arte lineal, arte gráfico.

line break (m./adj.) Corte de líneas.

line conditioning (f./adj) Acondicionamiento de la línea.

line feed (f./adj) Avance de línea.

line load (f./adj.) Carga de línea.

line surge (m./adj.) Sobrecarga de línea (subida de voltaje).

linear (adj) Lineal.

link (m) Enlace, vínculo, unión.

link (m) Enlace.

link (v) Enlazar, vincular, unir.

linkable (adj) Enlazable.

linker (adj) Enlazador, editor de enlaces.

linux (m) Sistema operativo gratuito para computadoras personales derivado de Unix.

LISP (List Processor) Procesador de Listas.

list (f) Lista; (v) Listar.

listing (adj) Listado.

literal (adj) Literal.

LL (Grammar) Gramática

load *(v)* Cargar.

loader *(m)* Cargador.

lobe *(m)* Lóbulo.

local *(adv)* Local.

local node *(m./adv.)* Nodo local.

local variable *(f./adv.)* Variable local.

locating device *(m./adv.)* Dispositivo localizador (de situación).

location *(f)* Ubicación, posición.

lock *(v)* Bloquear, reservar, cerrar.

locking & sharing Bloqueo y compartimiento.

log *(m)* Registro.

log *(v)* Registrar.

log file *(m./adj.)* Archivo de registro de actividades.

log in *(f./adj.)* Entrada en el sistema.

log off *(f./adj.)* Salida en el sistema.

log on *(f./adj.)* Entrada en el sistema, conectarse al sistema.

log out *(f./adj.)* Salida en el sistema.

logarithm *(m)* Logaritmo.

logic *(f)* Lógica.

logic bomb *(f./adj.)* Bomba lógica.

logical *(adj)* Lógico.

long range *(adj./adv)* Largo alcance.

long-haul modem *(m./adj.)* Módem de larga distancia.

longitude *(f)* Longitud.

look and feel *(f)* Apariencia Y *(m)* comportamiento.

lookup table *(f./adj.)* Tabla de búsqueda.

loop *(m)* Bucle, ciclo, lazo.

loopback *(m)* Lazo cerrado.

loosely coupled system *(f./adj.)* Sistema débilmente acoplado.

loss *(f)* Pérdida.

lossless *(f./adj.)* Compresión sin pérdida de datos.

lossy compression *(f./adj.)* Compresión con pérdida de datos.

low *(adj)* Bajo, inferior.

low band *(f./adj.)* Banda baja.

low byte *(m./adj.)* Byte bajo.

low end of a range *(f./adj.)* Limite inferior de una gama.

low frequency *(f./adj.)* Baja frecuencia.

low-density disk *(m./adj.)* Disco de baja densidad.

lower sideband *(f./adj.)* Banda lateral.

lower-case letter *(f./adj.)* Letra minúscula.

low-level language *(m./adj.)* Lenguaje de bajo nivel.

LP (Line Printer/Linear Programming) Impresora de Línea./Programación lineal.

LPM (Lines per minute) Líneas por minuto.

LPS (Lines per second) Líneas por segundo.

LPSL (Lower Power Schottky Logic) Lógica Schottky de Baja Disipación.

LR (item) Elemento de Análisis Sintáctico.

LRC (Longitudinal Redundancy Check) Comprobación de Redundancia Longitudinal.

LRRC (Longitudinal Redundancy Check Character)Carácter de Comprobación de Redundancia Longitudinal.

LRU (Least Recently Used) Usado Menos Recientemente.

LSB (Least Significant Bit) Bit Menos Significativo.

LSC (Least Significant Character) Carácter Menos Singnificativo.

LSD (Least Significant Digit) Dígito Menos significativo.

LSI (Large Scale Integration) Integración a Gran Escala.

LSQA (Local System Queue Area) Area de Colas de Sistema Local.

LST Lógica LST

LSTTL Lógica LSTTL

LT (Less Than) Menor que

lubricator *(m)* Engrasador.

M

M (Mega) mega

M2FM (Modified Double Frecuency Modulation) Modulación Modificada de Frecuencia Doble.

MAC (Multi-Access Computing) Cálculo Multi-Acceso

macro *(m)* Macro.

magnetic *(f)* tape Cinta magnética.

magnetic disk *(m./adj.)* Disco magnético.

magnetic storage *(m)* Almacenamiento magnético.

magneto-optic *(m)* Magnetoóptico.

magnitude *(f)* Magnitud.

mail *(m)* Correo.

mail gateway *(f)* Pasarela de correo.

mailbox *(m)* Buzón.

mailing list *(f./adj.)* Lista de distribución (por correo).

mail-merging *(f./adj.)* Fusión postal.

main *(adj)* Principal.

main storage *(m)* Almacenamiento principal.

mainframe *(f./adj.)* Estructura principal.

mainframe computer *(m./adj.)* Procesador central.

maintenance *(m)* Mantenimiento.

management *(f)* Dirección, gestión.

manager *(m)* Administrador.

MANIAC (Mechanical and Numerical Integrator and Calculator) Calculador Integrador y Computador Mecánico y Numérico.

mantissa *(f)* Mantisa.

manufacturer *(m)* Fabricante.

manufacturing *(f)* Fabricación.

map *(m)* Mapa.

map *(v)* Asignar, asociar.

MAR (Memory Address Register) Registro de Direcciones de Memoria

margin *(m)* Margen.

mark *(f)* Marca.

market manager *(m./adj.)* Director de ventas.

MASCOT (Modular Approach to Software Construction Operation and Test) Técnica de Desarrollo y Gestión de software.

mask *(f)* Máscara.

mask *(v)* Enmascarar.

maskable interrupts *(f./adj.)* Interrupciones enmascarables.

massage *(v)* Modificar información, procesar información.

master *(m)* Maestro.

master boot record *(m./adj.)* Registro **maestro** de arranque.

master file *(m)* Archivo maestro.

master-slave *(m)* Maestro- esclavo.

match *(v)* Emparejar, corresponder, adaptar, aparear.

matching *(adj)* Correspondiente.

math coprocessor *(m./adj.)* Coprocesador matemático.

matrix *(m)* Matriz.

MAU (Multistation Access Unit) Unidad de Acceso Multi-estaciones

maximize *(v)* Maximizar.

maze *(m)* Laberinto.

MBASIC (Microsoft BASIC) BASIC de Microsoft.

MBM (Magnetic Bubble Memory) Memoria de Burbuja Magnética.

MCA (Micro-channel arquitecture) Arquitectura de micro-canal

MCP (Master Control Program) Progama maestro de control.

MCS (Micro Computer System) Sistema de microcomputadora

MCS-58 Familia de circuitos integrados basados en el microprocesador 8048

MCU (Micro Computer Unit) Unidad de microcomputadora.

MDA (Monochrome Display adapter) Adaptador de pantalla monocromático.

MDR (Memory Data Register) Registro de datos de memoria.

MDS (Microprocessor Development System) Sistema de desarrollo de microprocesadores.

mean *(f)* Media.

measure *(f)* Medida.

measurement *(f)* Medida.

media *(m.pl.)* Medios.

medium *(m)* Medio, soporte.

megabit *(f)* Megabit, megabitio.

megabyte *(m)* Megabyte, megaocteto.

megahertz *(m)* Un millón de hertz o hercios.

memo *(m./pl.)* Memorando/s.

memory *(f)* Memoria.

memory sniffing *(f./adj.)* Sniffing Prueba sistemática de la memoria.

memory chip *(f./adj.)* Pastilla de memoria.

memory *(f)* Memoria.

memory resident *(m./adj.)* Residente en memoria.

memory store *(f)* Memoria, memoria de almacenamiento.

menu *(m)* menú

menu-driven *(m./adj.)* software Software gobernado por menús.

merge *(v)* Fusionar, combinar, mezclar.

mesh *(f)* Malla.

message *(m)* Mensaje.

message body *(m./adj.)* Cuerpo del mensaje.

message trailer *(f./adj.)* Cola del mensaje, fin del mensaje.

meta-assembler *(f./adj.)* Metaensamblador.

metafile *(m)* Metarchivo.

method *(m)* Método.

MFD (Modify Frequency Modulation) Frecuencia Modulada Modificada.

MFLOPS (Millions of Floating Point Operatios Per Second) Millones de Operaciones de Coma Flotante por Segundo.

MFM (Modified Frequency Modulation) Modulación de Frecuencia Modulada.

MFT (Multiprogramming with a Fixed Number of Task) Multiprogramación con un Número Fijo de Tareas.

MHERTZ Megahercio.

MHS (Message Handling System) Sistema de Administración de Mensajes.

MHZ Megahertz

MI (Maskable Interrupt) Interrupción Enmascarable.

MICR (Magnetic Ink Character Recognition) Reconocimiento de Caracteres Impresos con Tinta Magnética.

micro *(m)* Micro.

microchip *(m)* Microchip, *(f)* microplaqueta.

microcomputer *(m)* Microordenador.

microfiche *(f)* Microficha.

microprogramming *(f)* Microprogramación.

microsecond *(m)* Microsegundo.

middleware *(m./adj.)* Software intermedio.

MIDI (Musical Instrument Digital Interface) Interfaz Digital para Instrumentos Musicales

MIMD (Multiple Instructions Stream/ Multiple Data Stream) Flujo Múltiple de Instrucciones. Flujo Múltiple de Datos.

minicomputer *(m)* Miniordenador.

minimize *(v)* Minimizar.

MIOS (Microprogrammed Operating System) Sistema Operativo Microprogramado.

MIPS (Million Instructions Per second) Millones de Instrucciones por Segundo

mirror *(m)* Espejo, *(f)* réplica, duplicación.

mirror site *(m./adj.)* Sitio espejo .

MIS (Management Informations System) Sistema de gestión de Información.

misalignment *(f./adj.)* Falta de alineación.

misfiring *(m./adj.)* Fallo de encendido.

mismatch *(m./adj.)* Error de coincidencia, desadaptación.

mistake *(m./adj.)* Error, equivocación.

MIT (Master Instruction Tape) Cinta Maestra de Instrucciones.

mixer *(m)* Mezclador.

MKS (Merte Kilogram Second) Sistema Internacional de Medida MKS Metro-kilogramo-segundo.

ML (Message Link) Enlace de Mensajes.

MLC (Multi- Line Controller) Controlador Multilínea.

MMI (Man Machine Interface) Interfaz Hombre-Máquina.

MMU (Memory Management Unit) Unidad de Gestión de Memoria.

mnemonic *(m)* Mnemónico, nemotécnico.

MNOS (Metal Nitride Oxide Semiconductor) Tecnología MNOS

MNP (Microcom Networking Protocol) Protocol de Red Microcom.

modal *(m)* Modal.

mode *(m)* Modo, *(f)* modalidad.

mode selector *(m./adj.)* Selector de modo.

mode switch *(m./adj.)* Conmutador de modo.

modem *(m)* Módem.

moderator *(m./adj.)* Moderador.

modular design. *(m./adj.)* Diseño modular.

modulate *(v)* Modular.

modulation *(f)* Modulación.

modulator *(v)* Modulador.

module *(m)* Módulo.

monitor *(m)* Monitor, consola; *(v)* supervisar, vigilar, controlar, dirigir.

monitor *(m)* monitor

monochrome *(m)* monocromo

monoid *(m)* Monoide.

monostable *(adj)* Monoestable.

monostatic *(adj)* Monoestático.

MOP (Multiple On- Line Programming) Programa Múltiple en Línea.

morphism *(m)* Morfismo.

MOS (Metal-Oxide Semiconductor) Semiconductor Metal-Oxido.

MOSFET MOS (Field Effect Transistor) Transistor de Efecto de Campo MOS.

motherboard *(f./adj.)* Placa base.

motor *(m)* Motor.

mouse *(m)* Ratón.

mouse button *(m./adj.)* Botón del ratón.

mouse case *(m./adj.)* Estuche del ratón.

mouse pad *(f./adj.)* Alfombrilla para el ratón.

mouse pointer *(m./adj.)* Puntero del ratón.

mouse *(m)* ratón

move *(m)* Mover, *(v)* transferir, desplazar.

MP/M (Multiprogramming Control Program for Microprocessors) Versión del Sistema Operativo CP/M

MPC (Multimedia Personal Computing) Computación Personal en Multimedia.

MPS (Micro Processor System) Sistema de Microprocesador.

MPU (Micro Processor Unit) Microprocesador

MPX (Multiplexer) Multiplexor.

MPY (Multiply) Multiplicar.

MR (Master Reset/Memori Read) Puesta a cero maestra. Lectura de memoria.

MSAU (Multi Station Access Unit) Unidad de Acesso Multi-Estaciones.

MSB (Most-Significant Bit) Bit Más Significativo

MSD (Most Significant Digit) Dígito Más Significativo.

MS-DOS (Microsoft Disk Operation System) Sistema operativo MS-DOS

MSEC (Milisecond) Milisegundo.

MSI (Medium Scale Integration) Integración a escala media.

MT (Machine Translation) Traducción mecánica.

MTBF (Mean Time Between Failures) Tiempo medio entre averías o fallas.

MTTF (Mean Time to Failure) Tiempo medio entre fallos.

MTTR (Mean Time to Repair) Tiempo medio de reparación.

MUART (Multifunction Universal Asynchronous Receiver-Transmitter) Receptor Transmisor Asíncrono Universal Mutifunción.

multicast *(f)* Multidifusión.

multichannel *(m)* Multicanal.

MULTICS (Mutiplexed Information and Computing Service) Sistema Operativo. MULTICS.

multimedia *(m)* Multimedia.

multipart forms *(m./adj.)* Papel multicopia.

Multipath *(f./adj.)* Trayectoria múltiple.

multiple-reply *(f./adj.)* Respuesta múltiple.

multiple-window Multiventana.

multiplexer *(adj)* Multiplexor, multiplexador.

multiplexing *(adj)* Multiplexado.

multipoint line *(f./adj.)*Línea Multipunto.

multipost *(m./adj.)* Multipuesto.

multistar network *(f./adj.)* Red multiestrella.

multitask *(f)* Multitarea.

multitasking *(f)* multitarea.

multiuser *(m)* Multiusuario.

multivoltage *(f)* Multitensión.

mutual exclusion *(f./adj)* Exclusión mutua.

MUX (Multiplexer) Multiplexor.

N

NAK (Negative Acknowledge Character) Reconocimiento Negativo.

NAL (Native Assembly Language) Lenguaje Natvio Ensamblador

NAM (Network Access Machine) Máquina de Acceso a Red.

NAND (not and) Función Lógica AND Negada.

nano *(m)* Nano.

nanosecond *(m)* Nanosegundo.

NAPLPS (North American Presentation-Level Protocol Sintax) Sintaxis de Protocolo Norteamericano a Nivel Presentación.

narrow *(adj)* Estrecho.

narrowband *(f./adj.)* Banda estrecha.

natural *(adj)* Natural.

natural number *(m./adj.)* Número natural.

navigate *(v)* Navegar, explorar *(v)* desplazarse por, recorrer.

navigator *(m)* Navegador.

NBS (National Bureau of Standards) Oficina Nacional de Normalización.

NC (Numerical Control/ No Connection) Control numérico. No Conexión.

NCC (Network Control Centre) Centro de Control de Redes.

NCP (Network Control Program) Programa de Control de Redes.

NCR (National Cash Register Company) Compañía Nacional de Cajas Regristradoras.

NDAC (Not Data Accepted) Datos No aceptaddos.

NDL (Network Definition Language) Lenguaje de Definición de Redes.

NDRO (Non-Destructive Red-Out) Lectura No Destructiva.

NE (Not Equal) No Igual a.

NEC (Nipon Electric Corporation) Corporación Eléctrica NIPON

negation *(f)* Negación.

negative *(adj)* Negativo.

negator *(m)* Negador.

neither *(adj.)* Ninguno.

nest *(m)* Nido; *(v)* Anidar.

nested loops *(m./adj.)* Bucles anidados.

net (Network) *(m)* Red.

net nanny *(f./adj.)* Niñera de la red.

net runner *(m./adj.)* Cibernauta.

Net surfing *(f./adj.)* Navegación por la red.

netiquette *(f./adj.)* Etiqueta de Internet. Ciberurbanidad, ciberetiqueta.

netizen *(m./adj.)* Ciudadano de la red.

netware *(m./adj.)* Sistema operativo para LAN de Novell.

network *(f)* Red.

network computer *(m./adj.)* Ordenador de Red.

network dial in service *(m./adj.)* Servicio de marcado de red.

network drive *(m./adj.)* Disco de red, unidad de red.

network interface card *(f)* tarjetaadaptadora ubicadas dentro una computadoras que especifica el tipo de red a utilizar.

network operating system (m) Sistema operativo que incluye programas para comunicarse con otras computadoras a través de una red y compartir recursos.

networking *(m./adj.)* Realización de redes, gestión del redes.

networking *(m./adj.)* Red de computadoras.

neural network *(m./adj.)* Red neural.

neuron *(f)* Neurona.

newbie *(m)* Novato/a.

news *(m)* Noticias.

newsgroup *(m./adj.)* Grupo de noticias.

newsletter *(m./adj.)* Boletín de información.

NFA (Nondeterministic Finite Automaton) Autómata de Límite no Determinista.

NIC (Network Information Centre) Centro de Información de Redes.

nicad battery *(f./adj.)* Pila de Níquel-Cadmio.

nick *(m)* Apodo.

nickname *(m)* Apodo.

NIMH *(m./adj.)* Hidruro metálico de níquel.

NL (New Line) Nueva Línea.

NLQ (Near Letter Quality) Impresos con Calidad casi Tipográfica.

NMI (Non-Maskable Interrupt) Interrupción No Enmascarable.

NMOS (N-Channel MOS) Mos canal N.

node *(m)* Nodo.

noise *(m)* Ruido.

nonvolatile *(m)* No volátil.

NOP (No Operation) No operación.

NOR (Not-OR) Función lógica OR Negada.

NOR gate *(f)* Puerta O.

normalize *(v)* Normalizar.

NOS (Network Operating System) Sistema Operativo de Redes.

not *(m)* No; *(adj)* negado.

NOT (Negation Operator) Operador de Negación.

notation *(f)* Notación.

notc *(f)* Muesca.

Notebook *(m)* PC portátil.

notepad *(m./adj.)* Block de notas.

NPN (Negative Postive Negative) Negativo, Positivo, Negativo; transistor NPN.

NRFD (Not Ready For Data) No Preparado para Datos.

NRZ (Non Return to Zero) No Vuelve a Cero.

NS (National Semiconductor) Semiconductores Nacionales

NSTL (National Software Testing Laboratories) Laboratorios Nacionales Para el Ensayo de Programas.

NTU (Network Termination Unit) Unidad de Terminación de Redes.

NUC (Nucleus) Núcleo.

NUI (Network User Identification) Identificación de usuario de redes.

null *(m)* Nulo.

null detector *(m./adj.)* Detector de ceros, de nulos.

null modem *(m./adj.)* Módem nulo.

num lock key *(f./adj.)* Tecla bloqueo de números

number crunching *(m./adj.)* Cálculo en masa

number *(m)* Número

numeric keyboard *(m./adj.)* Teclado numérico

numeric keypad *(m./adj.)* Teclado numérico

numeric system *(m./adj.)* Sistema numérico

Numerical *(adj)* Numérico

NVM (Non Volatile Memory) Memoria No Volátil.

O

O & M (Organization & Methods) Organización y Métodos.

O/C (Open-Collector/ Open Circuit) Colector Abierto/Circuito Abierto.

OASIS (Online Application System Interactive Softwasre) Software Interactivo del Sistema de Aplicación Conectado.

object *(m)* Objeto.

object oriented *(adj)* Orientado a objetos.

obsolete *(adj)* Obsoleto.

OC (Optical Character) Charácter Optico

OCL (Operation Control Language) Lenguaje de Control de Operación.

OCR (Optical Character Recognition) Reconocimiento Optico de Caracteres.

octal *(adj)* Octal.

octet *(m)* Octeto.

odd *(adj)* Impar.

odd parity *(f./adj.)* Paridad impar.

ODT (On-Line Debugging Technique) Técnica de Depuración en Línea.

OE (Output Enable) Habitación de Salida.

OEM (Original Equipment Manufacturer) Fabricante Original de Equipos.

off the shelf *(m)* software Software estándar.

off-line *(f)* Fuera de línea, desconectado, autónomo.

off-line system *(m)* Sistema batch.

ohm *(m)* Ohmio.

OLE (Object Linking and Embedment) Vinculación y Empeoramiento de Objetos.

OLRT (On Line Real Time Operation) Operacióm de tiempo real en línea.

OLTEP (On Line Text Executive) Programa Ejecutivo de Texto en Línea.

OLTS (On-Line Test System) Sistema de comprobación en línea.

OMR (Optical Mark Reader) Lectora de Marca Optica.

on-demand report *(m)* Informe a Petición.

one-way *(adj)* Unidireccional.

onion diagram *(f./adj.)* Diagrama de Cebolla.

online *(adj)* en línea, conectado.

online help *(f./adj.)* Ayuda en línea

online system *(m./adj.)* Sistema en línea.

on-site *(adv)* En sitio

on-site maintenance *(f./adj.)* Mantenimiento en la propia instalación.

OP (Operations) Operaciones

OP AMP (Operational Amplifier) Amplificador Operacional.

open *(v)* Abrir.

open-ended system *(f./adj.)* Sistema Abierto.

operand *(adj)* Operando.

operating system *(f./adj.)* Sistema Operativo.

operation *(f)* Operación.

operator intervention *(f)* Acción de parte del operador.

operator *(m)* Operador.

opinion *(f)* Opinión.

optic disk *(m)* Disco óptico.

optic fiber *(f)* Fibra óptica.

optical disk *(m./adj.)* Disco óptico.

optical drive *(f./adj.)* Unidad óptica, manejador óptico.

optical fibe *(f./adj.)* Fibra óptica.

optical tracking *(m./adj.)* Seguimiento óptico.

optical tracking mechanism *(m./adj.)* Mecanismo de seguimiento óptico.

optimize *(v)* Optimizar.

optimum bandwidth *(m./adj.)* Ancho de banda óptimo.

options *(f./pl.)* Opciones.

OR (Over Run/ Operational Research) Sobre Ejecución. Investigación Operacional.

OR operator *(m./adj.)* (Inclusive OR operator).Operador lógico "O", operador inclusivo "O".

order *(m)* Orden.

organization *(f)* Organización.

orphan line *(f./adj.)* Línea sola (parte superior de la hoja).

OS (Operating System) Sistema operativo.

OSCL (Operating System Control Language) Lenguaje de Control del Sistema Operativo

OSI (Open System Interconnection) Interconexion de Sistemas Abiertos.

outbox folder *(f./adj.)* Carpeta de salida.

outernet *(m./adj.)* Red privada.

outline *(m)* Contorno, *(f)* esquema.

out-of-line *(adj)* Fuera de lo previsto.

O - *optimize*

outphase *(adj)* Desfasado.

output *(f)* Salida.

output *(v)* Salir, sacar.

output bound *(adj)* Limitado por la velocidad de salida.

output power *(f./adj.)* Potencia de salida.

outwards *(adv)* Hacia fuera.

OV (Overflow) Desbordamiento.

overflow *(adj)* Desbordamiento, sobrepasamiento, rebose.

overlap *(v)* Solapar, superponer.

overlapping *(adj)* Solapamiento.

overlay *(m)* Superposición, recubrimiento, solapamiento.

overlay *(v)* Solapar, superponer.

overload *(v)* Sobrecarga.

overprint *(v)* Sobrescribir.

override *(v)* Invalidar, anular, desautorizar.

overrun *(f)* Sobrescritura.

overstrike *(v)* Sobrescribir.

overview *(f)* Información general, introducción.

overwrite *(v)* Sobrescribir.

owner *(m)* Propietario.

OX (Oxide) Oxido

P

PABX (Private Automatic Branch Exchange) Intercambio Privado por Conmutación Automática.

pack *(m)* Paquete.

package *(m)* Paquete.

packet *(m)* Paquete.

packet switching *(m.pl.)* Conmutación de paquetes.

pad *(f)* Base.

PAD (Packet Assenmbly/Disassembly) Paquete Ensamblador y Desensamblador.

page *(f)* Página; *(v)* paginar.

page layout *(m./adj.)* Diseño de página.

page make-up *(m./adj.)* Programa compositor de *(f.pl.)* páginas.

page preview *(f./adj.)* Vista preliminar.

paging *(adj)* Paginación.

paintbrush *(f)* Brocha, *(m)* pincel.

PAL (Programmable Array Logic) Lógica de Matrices Programables.

palette *(f)* Paleta.

palm rest *(adj)* Apoya manos.

PAM (Pulse Amplitude Modulation) Modulación en Amplitud de Impulsos.

panel *(m)* Panel.

paper feed *(m./adj)* Alimentación de papel.

paper out *(adj)* Falta de papel.

paper *(m)* papel

paper throw *(m./adj)* Salto de papel.

paradigm *(f)* Paradigma.

parallel *(adj)* Paralelo.

parallel port *(m./adj)* Puerto paralelo.

parallel processor *(m./adj)* Procesador en paralelo.

parameter *(m)* Parámetro.

parent *(m)* Primario, padre.

parent directory *(m./adj)* Directorio superior.

parenthesis *(m)* Paréntesis.

parity bit *(m./adj)* Bit de paridad.

parity in *(adj)* Paridad de entrada.

parity out *(adj)* Paridad de salida.

parity Paridad.

parser *(m./adj.)* Programa analizador sintáctico.

partition *(f)* Partición.

passband *(f./adj.)* Banda de paso.

passphrase *(f)* Contraseña.

password *(f./adj)* Contraseña, palabra de paso.

password *(f)* contraseña

paste *(v)* Pegar.

paste up board *(m./adj.)* Tablero de composición.

patch *(m)* Parche.

patch a program *(v)* Corregir un programa.

patent *(f)* Patente.

path *(f)* Ruta, Camino acceso, vía de acceso.

pattern *(f)* Configuración, *(m)* patrón.

pattern recognition *(m./pl./adj.)* Reconocimiento de patrones.

pay-per-view *(m)* Pago por visión.

PBX (Private Branch Exchange) Central telefónica privada.

PC (Personal Computer) Computadora Personal

PC Fax *(m)* PC Fax, Fax-módem.

PCB (Printed Circuit Board) Tarjeta de Circuito Impreso.

PCI (Process Control Interface) Interfaz de Control de Procesos.

PCM (Pulse Code Modulation) Modulación por Codificación de Impulsos.

PCMCIA (Personal Computer Memory Card International Association) Asociación internacional de Plaquetas de Memoria para Computadoras Personales)

PCP (Primary Control Program) Programa de Control Primario.

PCRTC (Programmable CTR Controller) Controlador Programable de Tubo de rayos catódicos.

PCS (Personal Computing System) Computadora Personal.

PD (Potencial Drop Difference) Diferencia o Caída de Potencial.

PDC (Peripheral Device Controller) Controlador de Dispositiéricos.

PDM (Pulse Duration Modulation) Modulación de Duración de Impulsos.

PDP (Programmed Data Processor) Procesador Programado de Datos.

PDS (Partitioned Data Set) Conjunto de Datos y Particiones.

peak-to-peak *(m)* Pico a pico.

peer to peer *(m)* Interpares.

peer-to-peer network *(f./adj.)* Red de igual a igual, red distribuida, red interpar.

pencil *(m)* Lápiz.

performance *(m)* Rendimiento, *(f)* prestación.

period *(m)* Periodo.

peripheral *(adj)* Periférico.

peripherical *(adj)* Periférico.

permutation *(f)* Permutación.

personal computer *(m./adj.)* Ordenador Personal.

personal page *(f./adj.)* Página personal.

PERT (Project Evaluation and Review Technique) Método de Planificación y Control de Proyectos.

PET (Personal Electronic Transaction Computer) Computadora Personal de Transición.

PF (Picofaradios) Picofaradios.

PFR (Power Fail Restart) Reanudación del Fallo de Alimentación.

PGA (Professional Graphics Adapter) Adapatador Gráfico Profesional.

PGD (Planar Gas Discharge Display) Visualización Planar de Descarga de Gas.

phase *(f)* Fase.

phase delay *(m)* Retardo de fase.

phase difference *(f)* Desfase.

phase distortion *(f./adj.)* Distorsión de fase.

phase meter *(m)* Fasímetro.

phase modulation *(f./adj.)* Modulación en fase.

phase offset *(f./adj.)* Desviación de fase.

phase shift *(f./adj.)* Desplazamiento de fase.

phase shifted *(adj)* Desfasado.

phone hawk *(m)* Halcón telefónico.

phracker (Phone hacker) *(m)* Pirata informático que se vale de las redes telefónicas, fonopirata.

physical *(adj)* Físico.

physical unit *(f./adj.)* Unidad Física.

PI (Programmed Instruction) Enseñanza Programada.

PIA (Peripheral Interface Adapter) Adaptador de interfaz de periféricos.

PIC (Priority Interrup Controller) Controlador de Prioridad de Interrupciones.

picking device *(m./adj.)* Dispositivo de selección.

picture *(f)* Imagen, fotografía.

PID (Process Identification Number) Número Identificador del Proceso.

pie chart *(m./adj.)* Gráfico Circular.

PIF (Program Information File) Archivo de Información del Programa

piggyback board *(f./adj.)* Tarjeta Superponible.

pin *(f)* Aguja (impresora).

PIN (Personal Identification Number) Número de Identificación Personal.

pin printer *(f)* Impresora de agujas.

PIO (Programmable Input-Output) Entrada-Salida Programable.

PIP (Peripheral Interchange Program) Programa de intercambio de periféricos.

pipe *(m)* Tubo, conducto, símbolo canalización (|).

pipe *(v)* Canalizar.

piracy *(f)* Piratería.

PIT (Programmable Interval Timer) Temporizador Programable de Intervalos.

pitch *(m./adj.)* Paso, densidad de caracteres, caracteres por pulgada, grado de inclinación.

PIU (Programmable Interface Unit) Unidad de interfaz Programable.

pixel *(m)* Elemento gráfico mínimo con el que se componen las imágenes en la pantalla de una computadora.

pixel *(m)* Píxel.

PL/1 (Programming Language/1) Lenguaje de Programación de Alto Nivel.

PL/M (Programming Language Microprocessor) Lenguaje de Programación para Microprocesadores.

placeholder *(m./adj.)* Marcador de posición.

plaintext *(m./adj.)* Texto llano.

planar board *(f./adj.)*Placa base.

planning report *(m./adj.)* Informe de previsión.

plansheet *(f./adj.)* Hoja de cálculo.

plate *(f)* Placa.

platform *(f)* Plataforma.

PLATO (Programmed Logic for Automatic Teaching Operations) Sistema de Enseñanza Asistida por Computadora PLATO.

play back *(v)* Reproducir.

player *(m)* Programa que permite escuchar archivos de sonido.

PLB (Picture-Level Benchmark) Programa de Referencia Benchmark.

PLC (Programmable Logic Controller) Controlador Lógico programable.

PLL (Phase Locked Loop) Lazo Bloqueado por fase.

PLO (Phase Locked Ocillator) Oscilador bloqueado por fase.

plot *(v)* Trazar.

plotter *(m./adj.)* Trazador gráfico.

plug & play *(v)* Enchufar y usar.

plug *(m)* Enchufe; *(v)* Enchufar.

plug and Play *(adj)* Enchufa y opera.

plug-in *(m)* Enchufe, plug-in.

PM (Preventive Maintenance) Mantenimiento Preventivo.

PMD (Processing Mode) Modo de Tratamiento o Procesamiento.

PMI (Precision Monolithics Inc.) Fabricante de Circuitos Integrados PMI.

PMOS (P-Channel MOS) MOS canal P.

PNP (Positive-Negative- Positive) Positivo-negativo-positivo.

point *(v)* Apuntar.

pointcast *(v)* Difundir entre puntos.

pointer *(m)* Puntero, indicador, **polarization** *(f)* Polarización.

polling *(f./v/)* Invitación a emitir, *(m)* sondeo, *(f)* interrogaciones.

pop-up menu *(m./adj.)* Menú desplegable.

pop-up window *(f./adj)* Ventana emergente.

port *(m)* Puerto, *(f)* puerta.

portability *(adj)* Portabilidad.

portable computer *(m./adj.)* Ordenador portátil.

portal *(m)* Portal.

portrait *(adj)* Vertical.

POS (Programmable Option Select) Selección de Opciones Programables.

position *(f)* Posición.

positioning *(m)* Posicionamiento.

positive *(m)* Positivo.

POST (Power on Self Test) Autoprueba del Funcionamiento.

post *(v)* Anunciar.

power *(f)* Potencia, alimentación, energía, corriente; *(v)* Alimentar.

power case *(m./adj.)* Usuario avanzado.

power failure *(m./adj.)* Fallo en la alimentation de corrienta

power off *(adj)* apagado

power supply *(f./adj.)* Fuente de alimentación.

power supply unit (PSU) *(f./adj.)* Unidad supletoria de energia

power-on *(m)* Encendido, puesta en marcha.

power-up *(m. adj.)* Encendido, puesta en marcha.

PP (Peripheral Processor) Procesador de periféricos

PPIC (Programmable Peripheral Interface Controller) Controlador de interfaz programable de periférico.

prank program *(m./adj.)* Programa bromista.

preamble *(m)* Preámbulo.

prearranged *(adj)* Preestablecido.

precision *(f)* Precisión.

preference *(f)* Preferencia.

prefix *(m)* Prefijo.

prerelease *(f./adj.)* Versión preliminar.

preset *(v)* Preestablecer, inicializar.

press *(f)* Pulsar, apretar.

pretune *(v./adv.)* Sintonizar de antemano.

preview *(f./adj.)* Presentación preliminar, previsualización.

preview *(v)* Previsualizar, visualizar.

preview mode *(m./adj.)* Modo de vista propia.

previous *(adj)* Anterior.

PRF (Pulse Repetition Frequency) Frecuencia de repetición de impulsos.

PRI (Primary Rate Interface) Interfaz de Velocidad Primaria.

primary *(adj)* Primario.

primary domain *(m./adj)* Dominio principal.

primary selection *(f./adj.)* Selección primaria.

primary storage *(m./adj.)* Almacenamiento principal.

print *(v)* Imprimir.

print queue *(f./adj.)* Cola de impresión.

print spooler *(f./adj.)* Memoria intermedia de impresión.

print spooling *(m./adj.)* Tratamiento de cola de impresión.

printed *(adj)* Impreso.

printed circuit board place *(m./adj.)* Circuito integrado.

printer laser *(f./adj.)* impresora por láser

printer *(f)* Impresora.

printer dot matrix *(f./adj.)* Impresora de agujas

printer driver *(m./adj.)* interprete de impresora

printer inkjet *(f./adj.)* impresora de chorro de tinta

printout *(f./adj.)* Copia impresa, listado.

prior *(adv)* Anterior.

priority *(f)* Prioridad.

privacy *(f)* Intimidad, privacidad.

private key *(f./adj.)* Clave privada.

private keyring *(m./adj.)* Archivo de claves privadas.

privilege *(m)* Privilegio.

probe*(f)* Sonda.

procedure *(m)* Procedimiento.

process *(m)* Proceso.

process *(v)* Procesar, tratar.

processing *(m)* Tratamiento.

processor *(m)* Procesador.

profile *(m)* Perfil.

profligate *(m)* Disipador.

program *(f)* Programa.

program *(v)* Programar.

program library *(f)* Biblioteca de programas.

programmer *(v)* Programador.

programming language *(m./adj.)* Lenguaje de programación.

prohibit *(adj)* Prohibido.

project *(m)* Proyecto.

PROLOG (Programming in Logic) Programación Lógica.

PROM (Programmable Read Only Memory) Memoria Programable de Solamente Lectura.

prompt *(m)* Indicador; *(v)* Apremiar.

proof of purchase *(f./adj.)* Prueba de compra.

propagation velocity *(f./adv.)* Velocidad de propagación.

properties *(f)* Propiedades.

proportional spacing *(m./adj.)* Espaciado proporcional.

protect *(v)* Proteger.

protective jacket *(f./adj.)* Cubierta protectora.

protocol *(m)* Protocolo.

prototype *(m)* Prototipo.

prototype *(v)* Hacer un prototipo.

proxy *(m)* Servidor cache, proxy.

PRR (Platinum Resistence Thermometer) Termómetro de Resistencia de Platino

PS (Picosecond) Picosegundo

PS/2 (Display Adapter) Adaptador de Video PS/2

PSE (Packet Switching Exchange) Intercambio por Commutacion de Paquetes.

PSS (Packet Switched Service-UK) Servicio de Paquetes Conmutado. -Reino Unido.

PSW (Public Switched Telephone Network) Red Pública Conmutada de Teléfonos

PT (Paper Tape) Cinta de Papel

PTP (Paper Tape Punch) Perforación de Cinta de Papel.

PTS (PROGRAM Test Systems) Sistema de Comprobación de Programa.

PTT (Post, Telgraph and Telephone Administration) Administración de Correos, Telégrafos y Teléfonos.

public domain *(m./adj.)* Dominio público.

public domain software *(m./adj.)* Software de dominio publico.

public key *(f./adj.)* Clave pública.

public keyring *(m./adj.)* Archivo de claves públicas.

public-key cryptography *(f./adj.)* Criptografía de clave pública.

puck *(f)* Pastilla.

pull *(v)* Extraer, sacar. Pedir, tirar.

pull tractor *(m./adj.)* Alimentador de tracción.

pull-down *(m./adj.)* menu Menú plegable.

pulse *(m)* Pulso. Impulso.

pulse amplifier *(adj)* Amplificador de pulsos.

pulse spacing *(adv)* Tiempo entre pulsos.

pulser *(m./adj.)* Generador de impulsos.

purification *(f)* Depuración.

push *(v)* Introducir, meter, cargar, apilar.

push button *(adj)* Pulsador.

push tractor *(m./adj.)* Alimentador de fricción.

push-down list *(f./adj.)* Lista LIFO, lista inversa, lista descendente.

push-up list *(f./adj.)* Lista FIFO, lista directa, lista ascendente.

PWB (Printed Wire Board) Tarjeta de Circuito Impreso

PWM (Pulse Width Modulation) Modulación por Anchura de Impulsos.

Q

Q/A (Question/Answer) Pregunta/Respuesta

QBE (Query by Example) Consulta usando un Ejemplo.

QC (Quality Control) Control de Calidad

QCB (Queue Control Block) Bloque de Control de Colas.'

QED (Quick Editor) Editor Rápido.

QIC (Cartridge) Cartucho.

QISAM (Queue Indexed Sequential Access Method) Método de Acceso Indexado por Colas.

QSAM (Queue Sequential Access Method) Método de Acceso por Colas.

QTAM (Queued Telecomminications Access Method) Método de Acceso Secuencial por Colas.

R

R (Register/Reset/Resistance) Registro/ Inicializar/Resistencia.

R&D (Right) Derecho, correcto.

R/W (Read/Write) Lectura/Escritura.

radar *(m)* Radar.

radio button *(m./adj.)* Botón tipo radio.

radius *(m)* Radio.

rail *(f)* Vía.

RALU (Register of Arithmetic-Logic Unit) Registro de la Unidad Aritmética y Lógica.

RAM (Random Access Memory) Memoria de Acceso Aleatorio o Directo.

RAMAC (Random Access Method of Accounting and C) Método de Acceso Casual de Cuentas y Control.

RAMPS (Resource Alocation Multi Project Sched) Asignación de Recursos en la Planificación de Proyectos Múltiples.

random *(adj)* Aleatorio.

range *(m)* Rango.

RAS (Return Access Stack) Pila o zona de memoria para almacenamiento de direcciones

RAS ROM (Address Strobe) Habilitación de Direcciones de ROM.

rate *(adv)* Velocidad, frecuencia.

RATFIR (Rational Fortran) Dialecto del Lenguaje FORTRAN.

raw data *(m)* Datos en bruto.

RBE (Remote Batch Entry) Entrada remota por lotes.

R-C (Resistor-Capacitor) Resistencia-capacidad.

RCA (Radio Corportation of America) Fabricante de Semiconductores y otros Productos.

RCTL (Resistor Capacitor Transistor Logic) Lógica Transistor Condensador Resistencia.

RD (Received Data) Datos recibidos.

RDE (Received Data Enable) Habilitación de Datos Recibidos.

RDOS (Real-Time Disk Operating System) Sistema Operativo de Disco de Tiempo Real.

reachability *(adj)* Asequibilidad.

read *(v)* Leer.

read out *(adj)* Extraídos.

reader *(m)* Lector.

read-only *(adj)* Sólo lectura.

ready *(adj)* Listo.

real time *(m./adj.)* Tiempo real.

real time chat *(m./adj.)* Charla en tiempo real.

realigner *(m)* Realineador.

rear *(adv)* Posterior.

rearrange *(v)* Reorganizar.

reassign *(v)* Reasignar.

reboot *(v)* Reiniciar, reinicializar.

receive *(v)* Recibir.

receiver *(m)* Receptor.

reciprocal *(adj)* Recíproco.

record *(m)* Registro; *(v)* registrar.

recorder *(m)* Registrador.

recover *(v)* recuperar

recurrence *(f)* Recurrencia.

recursion *(f)* Recurrencia, recursividad.

recursive *(m)* Recursivo,

recursivity *(f)* Recursividad, recurrencia.

redirect *(v)* Redirigir.

redo *(v)* Rehacer.

redundancy *(f)* Redundancia.

redundant *(adj)* Redundante.

REEX Lenguaje de Programación REX.

reference *(f./adj.)* Card Tarjeta de referencia.

reference phase *(f./adj.)* Fase de referencia.

reflect *(v)* Reflejar.

reflective light *(f./adj.)* Luz reflejada.

reflectivity *(f)* Reflectividad.

refresh *(v./f.)* Regenerar (la pantalla), actualizar.

refresh rate *(f./adj.)* Velocidad de regeneración.

refreshment *(m)* Refresco.

Register *(m)* Registro, contador.

register *(v)* Registrar.

regulated *(adj)* Reglamentados, regulados.

regulator *(adj)* Regulador.

reinitialize *(v)* Reinicializar.

reinstall *(v)* Reinstalar.

reject *(v)* Rechazar.

rejection *(m)* Rechazo.

relation *(f)* Relación.

relational database *(f./adj.)* Base de datos relacional.

relationship *(f)* Relación.

relay *(m)* Relé.

release *(m)* Lanzamiento; *(v)* liberar.

reliability *(f)* Fiabilidad, confianza, exactitud.

reliable *(m)* Seguro.

reload *(v)* Recargar.

relocatable *(adj)* Reubicable, realojable, relocalizable.

remap *(v)* Remapear.

remapper *(adj)* Reasignador.

remark *(m)* Comentario.

remedial maintenance *(m./adj.)* Mantenimiento correctivo.

remote *(adv)* Remoto.

remote computer *(m./adj.)* Ordenador remoto.

remote login *(f./adj.)* Conexión remota.

removable *(adj)* Removible.

removable hard drive *(m./adj.)* Disco duro extraíble.

remove *(v)* Eliminar, quitar, extraer.

rename *(v)* Renombrar, cambiar de nombre.

render *(v)* Renderizar.

reorder *(v)* Reordenar.

repair *(v)* reparar

repeat *(v)* Repetir .

repeater *(adj)* Repetidor.

repetitive *(adj)* Repetitivo, recursivo.

replace *(v)* Reemplazar.

replicate *(v)* Replicar.

reply *(f)* Respuesta, *(v)* responder.

report *(m)* Informe.

repository *(m./adj.)* Almacén, repositorio.

request *(f)* Petición.

request *(v)* Interrogar, requerir, pedir.

requirement *(m)* Requisito.

rerun *(v)* Repetir la pasada, volver a procesar.

researcher *(v)* Investigador.

reseller *(m)* Distribuidor.

reserved word *(m./adj.)* Palabra reservada.

reset *(v)* Resetear, restablecer.

reside *(v)* Residir.

resident *(m)* Residente.

resistance *(f)* Resistencia.

resistor *(f)* Resistencia.

resize *(v)* Redimensionar.

resolution *(f)* Resolución.

resolution setting *(f./adj.)* Parámetro de resolución.

resolve *(v)* Determinar.

resonance *(f)* Resonancia.

resource *(m)* Recurso .

resource allocation *(f./adj.)* Asignación de recursos.

resource manager *(m./adj.)* Administrador de recursos.

resource sharing *(m./pl.)* Compartimiento de recursos.

response time *(m./adj.)* Tiempo de respuesta.

responsor *(adj)* Respondedor.

restart *(v)* Reiniciar, reinicializar.

restore *(v)* Restaurar.

restrict *(v)* Restringir.

restriction *(f)* Restricción.

resume *(v)* Reanudar, reemprender.

retention *(f)* Retención.

retrieval *(f)* Recuperación.

retrieve *(v)* Recuperar.

retrofit *(v)* Actualizar.

retry *(v)* Reintentar.

reusability *(f)* Reusabilidad.

reusable *(adj)* Reusable.

reverse *(m)* Inverso.

revert *(f)* Volver.

rewind *(v)* Rebobinar.

RF (Modulator) Modulador de Radiofrecuencia.

RFC (Request for Commnets) Petición Para Comentarios.

RFC (Request For Connection) Petición Para Conexión.

RFD (Ready For Data) Preparado Para Datos.

RFI (Radio Frequency Interference) Interferancia de radio-frecuencia.

RFP (Request For Proposalas) Petición de propuesta.

RFQ (Request For Quotes) Petición de comillas.

RGB (Monitor) Monitor RGB

RH (Report Heading) Informe de cabecera.

RI (Right In) Entrada por la Derecha.

ribbon *(f)* Cinta.

rich-text format *(m)* Formato de Texto Enriquecido.

ring *(m)* Anillo. Llamada.

ring indicator *(m)* Indicador de Llamada.

ring network *(m)* Red en Anillo.

ripple *(f)* Onda.

RISC (Reduced Instruction Set Computer) Computadoras con Reducidos Grupos de Instrucciones.

RJE (Remote Job Entry) Entrada de Trabajos Remotos.

RLD (ReLocation Dictionary) Diccionario de Reubicación.

RLL (Run Lenght Limited) Tramo de Recorrido Limitado.

RLSD (Received Line Signal Detector) Director de Señales Recibidas en Línea.

RMS (Rooth Mean Square) Valor eficaz.

RMW (Read-Modify-Write) Lectura-modificación-escritura.

RO (Receive Only) Sólo Recibir.

roadmap *(f./adj.)* Guía básica.

roaming *(m)* Tránsito. *(f./adj.)* Conexión móvil internacional.

robot *(m)* Robot.

robustness *(adj)* Robustez, *(f)* fortaleza.

rod *(f)* Varilla.

role *(m)* Rol.

roll *(v)* Enrollar.

roll in *(v)* Transferir dentro (de memora auxiliar a principal).

roll out *(v)* Transferir fuera (de memoria principal a auxiliar).

roller *(m)* Rodillo.

ROM (Read Only Memory) Memoria Solo de Lectura.

romable *(adj)* Gravable en ROM.

roman font *(f)* Fuente románica.

root *(f)* Raíz.

ROS (Read-Only Storage) Almacenamiento Solo de Lectura.

rotary *(f)* Rotativo.

rotate *(v)* Rotar, girar.

rotation *(f)* Vuelta.

round *(adj.)* Redondo.

rounding error *(m./adj.)* Error de redondeo.

route *(f)* Ruta.

router *(m)* Ruteador: Dispositivo que dirige el tráfico entre redes.

routine *(f)* Rutina.

routing *(f./adj.)* Asignación de ruta.

row *(f)* Fila.

row-column scanning *(f./adj.)* Exploración de líneas.

row-ragged *(m(f./adj.))* Alineamiento desigual.

RPG (Report Program Generator) Generador de Informes de Programa.

RPM (Rotation Per Minute) Rotación Por Minuto.

RS (Register Select) RS Selección de Registro.

RSEXEC (Resource Sharing Executive) Recurso Ejecutivo Compartido.

RSU (Reserved Software Used) Reservado para Uso por Software.

RSVD (Reserved) Reservado.

RTC (Real Time Clock) Reloj de Tiempo Real.

RTE (Real Time Execution) Ejecución de Tiempo Real.

RTI (Return From Interrupt) Retorno Desde Interrupción.

RTL (Resistor Transistor Logic) Lógica Transistor-Resistencia.

RTOS (Real-Time Operating System) Sistema Operativo de Tiempo Real.

RTRAN (Formula Translation) Lenguaje de Programación FORTRAN.

RTS (Ready to Send) Preparado Para Enviar.

ruggedized computer *(m./adj)* Ordenador Reforzado.

rule *(f)* Regla.

run *(v)* Ejecutar, cargar.

runtime *(m./adj.)* En tiempo de ejecución, al ejecutarse.

runtime error *(m)* Error en tiempo de ejecución.

RZ (Return- to Zero) Retorno a Cero.

S

S/H (Sample and Hold) Muestreo y Retención.

safeguard *(v)* Proteger.

SAMOS (Self Aligned MOS) MOS Autoalineado.

sample *(f)* Muestra, *(m)* ejemplo.

SASI (Shugart Associates Systeme Interface) Interfaz de Sistema de Shugart y Asociados.

saturation *(f)* Saturación.

save *(v)* Guardar, salvar.

SBC (Single-Board Computer) Computadora en Una Sola Tarjeta.

SBS (Satellite Business Systems) Sistemas de Satélites para Negocios.

SC/MP (Simple Cost-Effective Micro-Processor) Microprocesador National SC/MP.

scale *(f)* Escala.

scan *(adj)* Barrido; *(v)* buscar, explorar, barrer.

scandisk *(m)* Programa de Windows que revisa un disco, detecta errores y los corrige.

scanner *(m)* buscador *(m)* por rastreo, escáner, explorador; *(v)* escanear, explorarar.

scatter graph *(m./adj.)* Gráfico disperso.

scattering *(f)* Dispersión.

scheduled report *(m./adj.)* Informe periódico.

scheduled report *(m./adj/)* Informe periódico.

scheduler *(m)* Planificador, *(f)* agenda.

schema *(f)* Esquema.

SCICON (Scientific Control Systems) Sistemas Científicos de Control.

scintillation *(m)* Centelleo.

SCL (System Control Language) Lenguaje de Control de Sistemas.

scope *(m)* Ámbito.

SCR (Silicon Controlled Rectifier) Rectificador Controlado por Silicio.

screen *(f)* pantalla

screen capture *(f./adj.)* Capturación de pantalla.

screen dump *(f./adj.)* Capturación de pantalla.

screen grid *(f./adj.)* Cuadrícula de la pantalla, retícula de la pantalla.

screen saver *(f./adj.)* Protector de pantalla.

screen saver protector *(f./adj.)* Protector de pantalla.

screened data *(m./adj.)* Datos filtrados, datos seleccionados.

screening *(adj)* Apantallamiento.

screw *(m)* Tornillo .

script *(m)* Macro script, guión.

scroll *(m)* Desplazamiento.

scroll list *(f./adj.)* Lista de desplazamiento.

scroll list *(f./adj.)* Lista de desplazamiento.

scroll lock key *(f./adj.)* Tecla bloqueo de desplazamiento de pantalla.

scroll lock key *(f./adj.)* Tecla bloqueo de desplazamiento de pantalla.

scroll rate *(f./adj.)* Velocidad de desplazamiento.

scroll rate *(m./adj.)* Velocidad de desplazamiento.

scrollbar *(f./adj.)* Barra de desplazamiento.

scrollbar *(f./adj.)* Barra de desplazamiento.

SCSI (Small Computer System Interface) Pequeña Interfaz para Sistemas de Computadoras.

SDI (Selective Dissemination of Information) Diseminación Selectiva de información.

SDLC (Synchronous Data Link Control) Control Síncrono de Enlace de Datos.

SDLP (Synchronous Data Link Control) Control Síncrono de Enlace de Datos.

SDM (Space Division Multiplex) Multiplexado por División de Información.

SDT (System Device Table) Tabla de Dispositivo de Sistema

SE (Soft Error) Error de Software.

SEAC (Standars Eastern Automatic Computer) Computadora Histórica SEAC.

search *(v)* Buscar.

search engine *(m)* Buscador.

SECAM (Sequential and Memory) Secuencial y Memoria

secant *(adj)* Secante.

secondary *(adj)* Secundario.

section *(f)* Sección.

sector *(m)* Sector.

secure server *(m./adj.)* Servidor seguro.

security *(f)* Seguridad.

security flaws *(m./pl.)* Fallos en la seguridad, fisuras en la seguridad.

seek *(v)* Buscar, posicionar.

seek time *(m./adj.)* Tiempo de búsqueda, tiempo de posicionamiento.

segment *(m)* Segmento.

select *(v)* Seleccionar, activar.

selector *(m)* Selector.

self checking *(adj)* Autochequeo, auto-comprobación.

self dual *(adj)* Autodual.

self initiation *(adj)* Autoiniciación.

self testing *(adj)* Auto comprobación.

semantics *(f)* Semántica.

semiconductor *(m)* Semiconductor.

semiduplex *(m)* Semidúplex.

send *(v)* Enviar.

sender *(m)* Transmisor, emisor.

sensor *(m)* Sensor.

sentence *(f)* Sentencia, oración.

separator *(adj)* Separador.

sequence *(f)* Secuencia.

sequential *(adj)* Secuencial.

sequential file *(m./adj.)* Fichero de acceso secuencial.

serial *(f./adj.)* En serie.

serial Input/Output *(f)* Entrada/Salida Serie.

serial line *(f)* Línea serie.

serial port *(m)* Puerto serie.

serial transmission *(f./adj.)* Transmisión serie.

series *(f./pl.)* Series.

server *(m)* Servidor.

service *(m)* Servicio.

set *(m)* Conjunto; *(v)* fijar, establecer, definir.

settings *(f)* Configuración, *(m)* valor.

setup *(f)* Configuración, instalación.

setup disk *(m./adj.)* Disco de instalación.

shade *(f)* Matiz.

shadow *(f)* Sombra.

shadow random access *(f./adj.)* Memory Memoria sombra.

shaft *(m)* Eje.

shape *(f)* Forma; *(v)* Conformar.

share *(v)* Compartir.

shared access *(m./adj)* acceso compartido

shared file (m./adj) archivo compartido

shareware *(m./adj.)* Software compartido.

sharp *(adj)* Nítido, claro.

sharpness *(f)* Nitidez .

shelfware *(m)* Software de estantería .

shell *(m)* Intérprete de comandos.

shielding layer *(f./adj.)* Capa protectora, capa de blindado.

shift *(f./pl.)* Mayúsculas; *(m)* Desplazamiento.

shift *(v)* Desplazar.

shock *(f.)* Descarga.

shortcut *(m./adj.)* Método abreviado, acceso directo, atajo.

shortest-path algorithm *(m)* Algoritmo del camino mas corto.

shortest-path algorithm *(m./adj.)* Algoritmo del camino mas corto.

shredder *(f)* Maquina destructora de documentos.

shrink *(v)* Comprimir.

shut down *(v)* Apagar.

side effect *(m./adj.)* Efecto secundario.

sidehead *(m./adj.)* Título lateral.

sign *(m)* Signo; *(v)* Firmar.

sign bit *(m)* Bit de signo.

sign off *(v)* Cerrar sesión.

sign on *(v)* Iniciar sesión.

signal *(f)* Señal.

signal power *(f./adj.)* Potencia de señal.

signature *(f)* Firma.

signposting *(f)* Señalización.

silicon *(m)* Silicio.

SIMD (Single Instruction Stream- Multiple Data Stream) Flujo Unico de Instrucciones, Flujo Múltiple de Datos.

SIMM (Single In-line Memory Module) Modulo de Memoria Individual en Línea)

simplex *(m)* Simplex.

simulate *(v)* Simular.

simulation *(f)* Simulación.

simulator *(m)* Simulador.

simultaneous *(adj)* Simultáneo.

sine *(m)* Seno.

single sideband *(f./adj,)* Banda lateral única.

single sided *(f./adj.)* Cara Simple.

sink tree *(m./adj.)* Árbol sumidero.

sinusoidal *(adj)* Senoidal, sinusoidal.

SIO (Single In- Line Package) Paquete individual en línea.

SIR (Selective Information Retrieval) Recuperación Selectiva de Información.

SISD (Single Instruction Stream-Single Data Stream) Flujo Unico de Instrucciones, Flujo Unico de Datos.

site *(f)* Página de Internet.

siting *(m)* Emplazamiento.

size *(m)* Tamaño.

SJP (Stocked Job Processing) Procesamiento de tarea almacenada.

skip *(v)* Saltar.

SLANG (Systems Language) Lenguaje de Sistemas.

slash *(f)* Barra diagonal (/).

slave *(m)* Esclavo.

sleeve *(m)* Acoplador, casquillo.

slider *(m./adj.)* Control deslizante.

slot *(f)* Ranura.

slow start *(m./adj.)* Arranque lento.

SLR (Parsing Table) Análisis Sintáctico SLR

SLR (Super Large Scale Integration) Escala de integración Super Alta.

small caps *(f./adj.)* Versales, minúsculas.

small caps *(f./pl.)* Minúsculas.

SMF (System Management Facilities) Facilidades para Gestión de Sistemas.

SMI (Static Memory Interface) Interfaz de Memoria Estática.

smoothing *(f)* Aproximación.

SNA (Systems Network Architecture) Arquitectura de Sistemas en Red.

sniff *(v)* Husmear, rastrear.

sniffer *(adj)* Husmeador, rastreador; *(m)* Programa para capturar datos en una red.

SNOBOL (String- Oriented Symbolic Language) Lenguaje de Alto Nivel Orientado al Tratamiento de Cadenas.

SNR (Signal to Noise Ratio) Relación Señal- Ruido.

SOB (Start of Block) Comienzo de Bloque.

social ingineering *(f./adj.)* Ingenieria Social.

social sngineering *(f./adj.)* Ingenieria Social.

socket *(m)* Soporte conector eléctrico, zócalo, enchufe.

soft key *(f./adj.)* Tecla de función programable.

soft start *(m./adj.)* Arranque blando.

soft start *(m./adj.)* Arranque blando.

software *(m)* Software, soporte lógico.

software bundle *(m./adj.)* Paquete de software.

software developer *(m./adj.)* Desarrollador de programas.

software piracy *(f./adj.)* Piratería de software, de programas.

software vaccine *(f./adj.)* Vacuna para el software.

SOH (Start of Header) Comienzo de Cabecera.

solid-state *(m./adj.)* Estado sólido.

SOM (Start of Message) Comienzo de Mensaje.

sort *(v)* Ordenar, clasificar.

sorter *(adj)* Clasificador.

SOS (Silicon-On-Saphire) Silicio sobre zafiro.

sound *(m)* Sonido.

sound card *(f./adj.)* Tarjeta de sonido.

sound chime *(f./adj.)* Señal sonora.

sound track *(f./adj.)* Banda sonora.

source *(m)* Origen, *(f)* fuente.

source program *(m./adj.)* Programa fuente.

SP (Space) Espacio

space *(m)* Espacio.

space bar *(f./adj.)* Barra espaciadora.

spacing *(adj)* Distanciamiento, espaciado.

spam *(m./adj.)* Correo electrónico no solicitado.

spare part *(m)* Repuesto.

sparking *(f)* Chispa.

spectral *(adj)* Espectral.

speed *(f)* Velocidad.

spell checker *(m)* Verificador ortográfico, corrector ortográfico.

speller *(m)* Verificador ortográfico, corrector ortográfico.

speller *(m)* Verificador ortográfico, corrector ortográfico.

spendthrift *(m)* Disipador.

spider *(f)* Araña.

spider network *(f./adj.)* Red en araña.

SPL (System Programming Language) Lenguaje de Programación de Sistemas.

split *(v)* Dividir.

split bar *(f./adv.)* Barra de división.

split screen *(f./adj.)* Pantalla partida o dividida.

SPOOL (Simultaneous Peripheral Operations Over-Lap) Operaciones Simultáneas de Soplamientos de Periféricos.

spooling *(adj)* Operaciones Periféricas Simultáneas en Línea.

spooling *(m./pl.)* Operaciones Periféricas Simultáneas en Línea.

spread *(f)* Dispersión.

spreadsheet *(f)* Hoja de cálculo.

sprite *(m)* Objeto móvil.

sprocket holes *(m./adj.)* Perforación de arrastre.

SPS (Symbolic Programming System) Sistema de programación simbólica.

SQC (Statistical Quality Control) Control de calidad estatística.

square *(m)* Cuadrado.

SR (Status Register) Registro de Estados

SRAM (Static) Memoria Estática de Acceso Aleatorio.

SRC (Science Research Council) Consejo de investigación de Ciencias.

SRR (Systeme Resource Council) Petición de Recursos de Sistema.

SRST (System Resource and Status Table) Recurso de Sistema y Tabla de Estado.

SS (Solid Status) Estado Sólido.

SS/DD Una cara, doble densisad.

SSAI (Synchronous Serial Adapter Interface) Interfaz de Apadtador Síncrono Serie.

SSDA (Synchronous Serial Data Adapter) Adaptador Síncrono de Datos serie.

SSI (Small/Short Scale Integration) Integración a Pequeña Escala.

SSOP (Sub System Operator Panel) Panel Operador de Subsistema

SSP Panel de Subsistema.

SSR Solid State Relay (Relé de estado sólido)

stability *(adj)* Estabilidad.

stable *(adj)* Estable.

stable wave *(f./adj.)* Onda estacionaria.

stack *(f)* Pila.

stage *(f)* Etapa.

staggered windows *(f./adj.)* Ventanas escalonadas.

stake holder *(m./adj.)* Conjunto de usuario.

stand-alone *(adj)* Autónomo.

standard *(m)* Estándar.

standard mode *(m./adj.)* Modo estándar.

standardize *(adj)* Estandarizar, normalizar.

stand-by *(adj)* En espera, disponible, en reserva activa.

stand-by *(f)* En espera, disponible, en reserva activa.

STAR (System Technical Action Request) Petición de acción técnica del sistema.

star network *(f)* Red de estrella.

star ring topology *(f)* Topología Estrella: En las topologías Star Ring o estrella, los nodos radian desde un hub.

start *(m)* Inicio, comienzo.

start bit *(m./adj.)* Bit de arranque.

start over *(m)* Arranque.

start page *(f./adj.)* Página inicial.

starting *(m)* Encendido.

start-stop transmission *(f)* Transmisión arrítmica.

startup *(v)* Inicializar; *(m)* inicio, encendido.

state *(m)* Estado.

state of the art technology *(f./adj.)* Tecnología punta, tecnología de vanguardia.

statement *(m)* Instrucción, *(f)* factura.

static *(adj)* Estático/a.

static electricity charge *(f./adj.)* carga electrica estatica

static field *(m)* Campo estático.

station terminal *(f./adj.)* Estación terminal.

status *(m)* Estado.

status bar *(f./adj.)* Barra de estado.

status menu *(m./adj.)* Menú de estado.

STC (Standard Telephone and Cables) Cables y Teléfonos Normalizados.

STD (Standard) Estándar, normal.

steer *(v)* Orientar.

step *(m)* Paso.

STEP (Supervisory Tape Executive Program) Programa Ejecutivo Supervisosr de Cinta.

step-up *(m)* Suplemento especial.

sticky note *(f./adj.)* Nota adhesiva.

stochastic *(adj)* Estocástica.

stop bit *(m./adj.)* Bit de detención, bit de parada.

storage *(m)* Almacenamiento.

storage archive *(m./adj.)* Archivo de almacenamiento.

store *(m)* Almacén; *(v)* almacenar, guardar.

store and forward *(v)* Almacenar y enviar (mensajes).

stream *(f)* Corriente, *(m)* flujo.

streamer *(f)* Unidad de cinta magnética.

string *(f)* Cadena.

strip *(f)* Regleta.

structure *(f)* Estructura; *(v)* estructurar.

structured walkthrough *(f./adj.)* Revisión estructurada.

STTL (Standard Transistor-Transistor Logic) Lógica **STTL** (transistor-transistor norma EJ. 7490)

STX (Start of Text) Comienzo del Texto.

stylus *(m)* Estilete.

SUB (Substitute) Substituto

subdirectory *(m)* Subdirectorio.

subfont *(f./adj.)* Fuente secundaria.

subject *(m)* Asunto.

submit *(v)* Presentar, remitir, entregar.

subprogram *(m)* Subprograma.

subroutin *(f)* Subrutina.

subscript *(m)* Subíndice.

substractor *(m)* Restador.

substring *(f)* Subcadena.

suite *(m./pl./adj.)* Paquetes integrados.

sum *(f)* Suma.

summary *(m)* Resumen.

supertwist display *(m./adj.)* Visualizador de supertorsión.

supplier *(m)* Proveedor.

supply *(f)* Alimentación, fuente.

supply connector *(m./adj.)* Conector de alimentación.

support *(m)* Soporte, apoyo.

surveillance *(f)* Vigilancia.

survival guide *(m./adj.)* Manual de Referencia básica.

SUT (Socket Under Test) Zócalo bajo prueba o test.

SVC (Super Visor Call) Llamada a supervisor.

SW (Status Word) Palabra de Estado.

swap *(v)* Intercambiar..

sweep frequency *(f./adj.))* Frecuencia de barrido.

switch *(m)* Interruptor; *(v)* conmutar, apagar.

switch on *(v)* Encender.

switchboard *(f./adj.)* Central telefónica.

switched line *(f./adj.)* Línea conmutada.

switcher *(m)* Conmutador.

switching device *(m./adj.)* Dispositivo de conmutación.

symbol *(m)* Símbolo.

symmetric *(adj)* Simétrico.

SYNC (Synchronous) Síncrono, sincronizado.

synchronize *(v)* Sincronizar.

synchronous *(adj)* Síncrono.

synchronous detector *(m./adj.)* Detector síncrono.

syntax *(f)* Sintaxis.

syntax error *(m./adj.)* Error sintáctico .

system *(m)* Sistema .

system breakdown *(f./adj.)* Avería del sistema.

system disk *(m./adj.)* Disco de sistema

system failure *(m./adj.)* Fallo del sistema.

system library *(f)* Biblioteca del Sistema.

systems analyst *(m./adj.)* Analista de Sistemas.

systems engineer *(m./adj.)* Ingeniero de Sistemas.

T

T-1 Fractional- Fraccional T-!

tab *(m)* Tabulador, *(f)* cinta protectora.

tablet *(f)* Tabla, *(m)* tablero.

tag *(m)* Rótulo, *(f)* etiqueta, *(m)* mandato.

tailor-made program *(m./adj.)* Programa hecho a medida, programa diseñado a medida.

talk *(v)* Conversar, charlar, hablar.

tamper-proof *(adj)* No modificable.

tangent *(f)* Tangente.

tap into *(v)* Conectarse, introducirse.

tape *(f)* Cinta.

tape drive accionador *(m)* de cinta

tape search *(f)* Búsqueda en cinta.

target *(m)* Destino.

task *(f)* Tarea.

taskbar *(m)* Barra de tareas.

TB (Terabyte) Terabyte.

TC (Transmiter Clock) Reloj Transmisor.

TCAM (Telecomminications Access Method) Método de Acceso a Telecomunicaciones.

TCP/IP (Transmission Control/ Internet Protocol) Protocol de Control de Transmisión/Protocolo Internet.

TCT (Task Control Table) Tabla de Control de Tareas.

TD (Transmitted Data) Datos Transmitidos.

TDM (Time- Division Multiplexing) Multiplexado por división del tiempo.

TDMA (Time Division Multiplexed Access) Acceso Multiplexado por División del tiempo.

technical *(adj)* Técnico.

technical reference *(f./adj.)* Referencia técnica.

technical services *(m./adj.)* Atención al cliente.

technical support *(m)* Soporte técnico.

technology *(f)* Tecnología.

telecom *(f./adj.)* Telecomunicaciones.

Telecommunications *(f)* Telecomunicaciones.

telecommute *(v)* Teletrabajar.

teleconference *(f)* Teleconferencia.

telematics *(f)* Telemática.

telephone handset *(m)* Microteléfono.

telephony *(f)* Telefonía.

teleprocess *(m)* Teleproceso.

teletext *(m)* Teletexto.

teletypewriter *(m)* Teletipo.

TELEX (Telegraphic Exchange) Telex o intercambio telegráfico.

telnet *(m)* Tele red, telnet.

TEM (Temporary) Temporal.

template *(f)* Plantilla.

temporary file *(m./adj.)* Fichero temporal.

temporary storage *(m./adj.)* Almacenamiento temporal.

temporary store *(m./adj)* Almacenamiento temporal.

tera *(f)* Tera (un trillón).

terabyte *(m)* TeraByte (un trillón de octetos).

term *(m)* Término.

terminal *(f)* Terminal.

terminal controller *(m./adj.)* Controlador de terminales.

terminal emulation *(f./adj.)* Emulación de terminal.

terminal server *(m./adj.)* Servidor de terminal.

terminal strip *(f)* Banda terminal.

terminate *(v)* Terminar.

test *(f)* Prueba.

test *(v)* Probar.

test bench *(m)* Banco de pruebas.

text *(m)* Texto.

text editor *(m./adj.)* Editor de texto.

texture *(f)* Textura.

texture mapping *(f./adj.)* Aplicación de texturas.

TFT (Thin Film Transistor) Transistor de Película Delgada.

TG (Transmission Gate) Puerta de Transmisión.

thermal noise *(m./adj.)* Ruido térmico.

thermal printer *(f)* Impresora térmica.

thesaurus *(m)* Diccionario de sinónimos.

thick-ethernet *(f./adj.)* Red ethernet de coaxial grueso.

thin-ethernet *(f./adj.)* Red ethernet de coaxial fino.

thread *(m)* Hilo, hebra.

three-dimensional *(m)* (3D) Tridimensional .

throughput *(m./adj.)* Rendimiento total (de procesamiento), capacidad de ejecución, productividad.

thumbnail *(m)* Boceto. ícono.

TI (Texas Instruments) Fabricante de circuitos integrados Texas Instruments.

TIFF (Tagged Image File Format) Formato de Archivo por Imagen Marcada.

tightly coupled system *(m./adj.)* Sistema fuertemente acoplado.

tile *(m)* Recuadro.

tiled windows *(f./pl)* Ventanas en mosaico, ventanas embaldosadas.

tilting screen *(f./adj.)* Pantalla inclinable.

time aligned *(m./adv.)* Alineado en tiempo.

time out *(m./adv.)* Desconexión por tiempo.

time sharing *(m./adj.)* Tiempo compartido.

timer *(m)* Temporizador.

timeslice *(m./adj.)* Intervalo de tiempo.

timing signals *(f./adv.)* Señales de temporizaron, señales de sincronización.

TIOB (Task I/0 Block) Bloque de tarea de E/S, entrada/salida.

tip *(f)* Sugerencia.

title *(m)* Título.

title bar *(f)* Barra de título.

titt *(adj)* Bascular.

TLU (Table Look-Up) Búsqueda en Tabla.

TNS (Transaction Network Service) Servicio de transmisión de redes.

TOD (Time of Day) Hora del día.

TOF (Top of file) Incicio del Archivo.

toggle *(v)* Conmutador.

toggle *(v)* Desactivar.

toggle on *(v)* Activar, alternar.

token *(m)* Testigo, paso de testigo.

token passing bus *(m./adj.)* Paso de testigo en bus.

token ring *(m./adj.)* Anillo con paso de testigo.

token ring *(m./adj.)* Red en anillo

tolerance *(f)* Tolerancia.

tone *(m)* Tono.

toner *(m)* Toner, virador, *(f./adj.)* tinta en polvo.

tool *(f)* Herramienta.

toolbar *(f./adj.)* Barra de herramientas.

toolbox *(f./adj.)* Caja de herramientas.

toolkit *(m)* Juego de herramientas.

top level domain *(m./adj.)* Dominio de alto nivel.

top-down design *(m./adj.)* Diseño descendente.

top-down programming *(m./adj.)* Programación descendente.

topic *(m)* Tema.

topology *(f)* Topología..

touch screen *(f./adj.)* Pantalla táctil.

touch-sensitive screen *(f./adj.)* Pantalla táctil.

touch-tone *(f)* Llamada por tonos.

tournament *(m)* Torneo.

tower case *(f)* Caja tipo torre.

TP (Tele Process) Teleproceso.

TP (Transaction Processing/Through Put) Procesamiento de Transacciones Rendimiento.

TPT (Throughput) Rendimiento

trace *(v)* Trazar, indicar, rastrear, seguir paso a paso.

traceability *(adj)* Capacidad de rastreo/seguimiento.

tracer *(adj)* Trazador.

track *(f)* Pista.

trackball *(f./adj.)* Bola de seguimiento, bola rodante.

tracking *(m)* Seguimiento.

tracking error *(m./adj.)* Error de pista.

tractor feed *(m./adj.)* Arrastre de papel.

trade-up *(f)* Actualización.

transceiver *(m)* Transceptor.

transcribe *(v)* Transcribir, copiar.

transducer *(m)* Tranductor.

transfer *(v)* Transferir.

transfer rate *(f./adj.)* Velocidad de transferencia.

transformation *(f)* Transformación.

transformer *(m)* Transformador.

transient *(adj)* Transitorio, pasajero.

transient error *(m./adj)* Error transitorio.

translate *(v)* Traducir.

translator *(m)* Traductor, compilador.

transmission *(f)* Transmisión.

transmission band *(f)* Banda de transmisión.

transmit *(v)* Transmitir.

transmitter *(m)* Emisor, transmisor.

transparent *(f)* Transparente.

transponder *(m)* Transpondedor.

transport *(m)* Acarreo.

trap *(v)* Interceptar, atrapar, capturar.

trascend networking *(f./adj.)* Tecnología de 3Com para la construcción de grandes redes corporativas.

trash *(f)* Papelera.

tray *(f)* Bandeja.

tree *(m)* Árbol.

tree structure *(m)* Árbol, estructura arbórea.

trigger *(v)* Desencadenar, disparar.

trigger *(m)* Disparador, disparo.

triode *(m)* Tríodo.

triphase *(adj)* Trifásico.

TRL (Transistor-Registor Logic) Lógica Transistor-Resistencia.

trojan horse *(m./adj.)* Caballo de Troya.

TRON (The Real-Time Operating Sysems Nucleus) Núcleo de Sistema Operativo en Tiempo Real, TRON.

troubleshoot *(v)* Solucionar problemas.

TRSDOS (Tandy Radio Schacks DOS) Sistema Operativo DOS de Radio Shacks Tandy.

trúncate *(v)* Truncar.

truncation *(adj)* Truncamiento.

trusted *(adj)* Fiable.

trustee rights *(m./adj.)* Derechos de administración.

TS (Time Sharing) Tiempo compartido

TSC (Three-State Control) Control triestado.

TSR (Terminate and Stay Resident) Terminar y Permanecer Residente. Programa Residente.

TSS (Time-Sharing System) Sistema de Tiempo Compartido.

T-T Red eléctrica en modo T.

TTL (Transistor ot Transistor Logic) Lógica Transistor-Transistor.

TTY (Teletype) Teletipo.

tune *(v)* Sintonizar.

tuner *(adj)* Sintonizador.

turbo button *(m./adj.)* Botón de turbo.

turn down *(v)* Bajar.

turn off *(v)* Apagar.

turn on *(v)* Encender.

turnkey system *(m./adj.)* Sistema completo, sistema compacto.

TUT (Transistor Under Test) Transistor Bajo Prueba.

tutorial *(m./adj)* Manual de aprendizaje, lección, tutorial.

TV (Television) Televisión

TVT (Television Typewriter) Máquina de escribir con televisión.

twisted pair *(m./adj.)* Par trenzado(entrelazado).

twisted pair cable *(m./adj)* Doble cable trenzado

TWT (Travelling Wave Tube) Tubo de Ondas Progresivas.

type *(m)* Tipo; *(v)* teclear.

typeface *(f./adj.)* Tipo de letra, tipo de fuente.

typeover *(v)* Sobrescribir.

U

UADS (Usser Attribute Data Set) Conjunto de Datos Atrubuto del Usuario.

UAL (Unit Arithmetic and Logica) Unidad Aritmética y Lógica.

UART (Universal Asynchronous Receiver/Transmitter) Transmisor/Receptor Asíncrono Universal.

UC (Upper Case/ Control Unit/ Central Unit) Letra Mayúscula /Símbolo Superior /Unidad de Control/ Unidad Central.

UCR (Unit Record Controller) Controlador de registro de unidad.

UCS (User Control Store) Almacenamiento de control de usuario.

UCSD (University of California San Diego) Universidad de San Diego- California.

UDC (Universal Decimal Classification) Clasificación Decimal Universal.

UHF (Ultra High Frequency) Frecuencia Ultra Alta.

UL (Unit Load) Carga Unidad.

ULA (Uncommited Logic Array) Matriz lógica no comprometida.

UMA (Upper Memory Area) Zona Alta de Memoria.

UMB (Upper Memory Blocks) Bloques de Memoria Superior.

unbalance *(m)* Desequilibrio.

unbundled system *(f./adj.)* Sistema disociable.

undelete *(v)* Recuperar.

under construction *(adj)* Bajo construcción, en obras, en construcción, en desarrollo.

underline *(adj)* Subrayado.

undo *(v)* Deshacer.

unerase *(v)* Recuperar.

uneven parity *(f)* Paridad impar.

unfold *(v)* Desplegar.

unfreeze *(v)* Liberar.

ungroup *(v)* Desagrupar.

unicast *(f)* Unidifusión.

uninstall *(v)* Desinstalar.

unique *(adj)* Único.

unit *(f)* Unidad.

UNIVAC (Universal Automatic Computer) Computadora Universal Automática.

universal *(m)* Universal.

universal language *(m./adj)* Lenguaje universal.

UNIX Sistema Operativo de Minicomputadoras.

unknown *(adj)* Desconocido/a.

unload *(v)* Descargar.

unlock *(v)* Desbloquear.

unmount *(v)* Desmontar.

unpack *(v)* Desembalar, desempaquetar.

unrecognized *(v)* Sin identificar.

up *(adv)* Arriba.

up count *(f./adv.)* Cuenta arriba.

UPC (Universal Product Code) Código Universal de Productos.

update *(v)* Actualizar, mejorar.

upgrade *(v)* Actualización, subida.

UPI (Universal Peripheral Interface) Interfaz Universal de Periféricos.

upload *(v)* Telecargar, subir, cargar.

uploaded *(adj)* Sobrecargado.

UPP (Universal PROM Programer) Progrmamdor Universal de Memorias PROM.

upper sideband *(f./adj.)* Banda lateral superior.

upper-case letter *(f./adj.)* Letra mayúscula.

UPS (Uninterruptible Power Supply) Suministro Ininterrumpido de Energía.

upselect *(v)* Anular la selección.

upstream *(adv)* A contracorriente.

uptime *(m./adj.)* Tiempo de actividad.

upward compatible *(f./adj.)* De compatibilidad ascendente.

URD (Unit Record Device) Dispositivo de registro de Unidad.

US (Unit Separator) Separador de Unidades.

USART (Universal Synchronous/ Asynchronous Receiver/ Transmiter) Transmisor/ Receptor Asíncrono-Síncrono Universal.

USASCII (Universal ASCII) Código ASCII universal.

USASI (Standard Institute USA) Instituto de Normalización de USA.

USE (User System Evaluator) Evaluador de sistema de usuario.

user *(m)* Usuario.

user friendly *(adj)* Fácil de usar.

user manual *(m./adj.)* Manual de usuario.

user request *(m./adj.)* Petición de usuario.

user-friendly *(adj.)* Amigable, fácil de usar.

username *(m./adj.)* Nombre de usuario.

user's guide *(m./adj.)* Manual de usuario.

user's reference *(m./adj.)* Referencia del usuario.

USRT (Universal Synchronous Receiver/ Transmiter) Transmisor/ Receptor Universal Síncrono.

utility *(f)* Utilidad, herramienta.

UTP (Unshielded Twisted Pair) Cableado de Pares Trenzados no Blindados.

UUO (Unimplemented User Operation) Operación no Implementada por el Usuario.

UUT (Unit Under Test) Unidad Bajo Prueba.

UV (Ultra Violet Radiation) Radiación ultravioleta.

V

validate *(v)* Validar.

value *(m)* Valor.

VAR Revendedor de Valor Agregado

variable *(adj)* Variable.

VCO (Voltage Controlled Oscillator) Oscilador Controldado por Tensión..

VDI (Video Display Input) Entrada de Visualización de Video.

VDL (Vienna Definition Language) Lenguaje de Definición Viena.

VDT (Video Display Terminal) Terminal de Muestra Visual.

VDU (Video Display Unit) Unidad de Representación Visual.

vector *(m)* Vector.

velocity tapering *(adj)* Abocinado de velocidad.

verification *(f)* Verificación.

verify *(v)* Comprobar.

version *(f)* Versión.

VESA (Video Electronics Standards Association) Asociaciones de Estándares Electrónicos para Video.

vestigial sideband *(f)* Banda lateral residual.

VFC (Voltage of Frequency Converter) Convertidor Tensión a Frecuencia.

VFD (Vacuum Fluorescent Display) Pantalla Fluorescente al vacío.

VGA (Video Graphics Array) Ordenamiento de Gráficas Array.

VHF (Very High Frecuency) Muy Alta Frecuencia.

VHSIC (Very High Speed Integrated Circuit) Circuito Integrado de muy Alta Velocidad)

video *(m)* Vídeo.

video adapter *(m./adj.)* Tarjeta de vídeo, controladora de vídeo.

video adaptor board *(m./adj.)* Tarjeta de adaptador de vídeo.

video amplifier *(m./adj.)* Amplificador de vídeo.

video band *(f./adj.)* Banda de video.

video board *(f./adj.)* Tarjeta de vídeo, controladora de vídeo.

video conference *(f./adj.)* Videoconferencia.

video controller *(f./adj.)* Controladora de vídeo, tarjeta de vídeo.

video display board *(f./adj.)* Tarjeta de vídeo, controladora de vídeo.

video game *(m)* Videojuego.

video on demand *(f./adj.)* Televisión por demanda.

video processor *(m./adj.)* Procesador de vídeo.

view *(f)* Vista; *(v)* Ver, visualizar.

viewer *(adj)* Visualizador. Espectador.

virtual *(adj)* Virtual.

virtual memory *(f./adj.)* Memoria virtual.

virtual reality *(f./adj.)* Realidad virtual.

virus *(m)* Virus.

virus class *(m./adj.)* es un virus que afecta planillas de cálculo de Microsoft Office. S

virus detection *(m./adj.)* Detección de virus.

virus hoax *(m./adj.)* falsa alarma sobr virus que suele llegar por e-mail.

visit *(f)* Visita.

visual *(adj)* Visual, *(f)* visualización.

VLED (Visible Light-Emiting Diode) Diodo Emisor de Luz Visible.

VLSI (Very Large Scale Integration) Integración a Muy Gran Escala.

VM (Virtual Memory/ Vertical Migration/ Vertical Microprogramming) Memoria Virtual

VMA (Valid Memory Address) Dirección Válida de memoria.

VME (Virtual Machine Environment) Entorno de Máquina Virtual.

VMOS (Vertical MOS) Tecnología de circuitos VMOS

voice mail *(m./adj.)* Correo de voz.

voice recognition *(f./adj)* Reconocimiento de voz.

voiceband *(f)* Banda vocal.

void *(m./adj.)* Defecto de impresión, defecto de entintado.

volatile *(adj)* Volátil.

voltage *(f)* Tensión.

volume *(m)* Volumen.

volume label *(f./adj.)* Etiqueta de volumen.

VRAM (Video Random Access Memory) Memoria de Acceso Aleatorio de Video.

VTAM (Virtual Teleprocessing Access Method) Método de Acceso Virtual de Teleproceso.

VTOC (Volume Table Of Contents) Volúmen de Tabla de Contenidos.

VTP (Virtual Terminal Protocol) Protocolo de Terminal Virtual.

VTR (Video Tape Recorder) Grabadora de Cinta de Video.

W

wait *(f)* Espera; *(v)* esperar

wait queue *(f./adj.)* Cola de espera.

wait state *(m./adj.)* Estado de espera.

wallpaper *(m./adj.)* Papel tapiz.

WAN (Wide Area Network) Red Amplia.

wand *(m./adj.)* Lápiz lector.

warm boot *(m./adj.)* Arranque en caliente.

warm start *(m./adj.)* Arranque en caliente.

warm up *(adj)* Calentamiento.

warning *(f)* Advertencia, *(m)* aviso, alarma.

warning system *(m./adj.)* Sistema de alarma.

washer *(f)* Arandela.

washer stop *(f./adj.)* Arandela tope.

watchdog timer *(m./adj.)* Temporizador de guarda.

waterfall *(f)* Cascada.

WATS (Wide Area Telephone Service) Servicio de Teléfono de Area Amplia.

watt *(m)* Vatio.

wave *(f)* Onda.

WCS (Writable Control Store/ Storage) Memoria Grabable de Control.

WD (Western Digital Corporation) Fabricante de Microprocesadores

WE (Write Enable) Habilitación de Escritura.

web *(f)* Malla, telaraña, web.

web of trust *(m)* Red de confianza.

web page *(f)* Página Web.

webcam *(f./adj)* Cámara para web.

webmail *(m)* Servicio que ofrecen ciertos sitio web para crear una cuenta gratuita de e-mail.

webmaster *(m./adj.)* Administrador de web.

website *(f./adj.)* Página de Internet.

webtop *(m./adj.)* Escritorio con red integrada.

wedge *(f)* Cuña.

weight *(m)* Grosor, peso.

weighted code *(m./adj.)* Código ponderado.

weighted mean *(f./adj.)* Media ponderada.

wide bandwidth *(f./adj.)* Banda ancha.

wideband *(f./adj.)* Banda ancha.

width *(adj)* Ancho.

wildcard *(m)* Comodín, Metacarácter.

window *(f)* Ventana .

window manager *(m./adj.)* Administrador de ventanas.

WinZip *(m./adj.)* Programa de Windows que permite comprimir archivos.

WIP (Work in Process) Trabajo en Proceso.

wireframe *(m)* Bastidor.

wiring *(adj)* Cableado.

wizard *(m)* Asistente.

WNIM (Wide Area Netwok Interface) Módulo de Interfaz para Redes de zonas amplias.

word processing *(m./adj.)* Tratamiento de texto.

word processing program *(m./adj.)* Procesador de texto.

word processor *(m./adj.)* Procesador de texto.

word wrap *(m./adj.)* Ajuste automático de línea.

workgroup *(m./adj.)* Grupo de trabajo.

working directory *(m./adj.)* Directorio de trabajo.

worksheet *(f./adj.)* Hoja de trabajo, hoja de cálculo.

workspace *(f./adj.)* Área de trabajo.

workstation *(f)* Estación de trabajo. Wafer Microplaqueta.

workstation *(f./adj.)* Estación de trabajo, terminal.

world wide web *(f./adj.)* Telaraña Mundial.

worm *(m)* Gusano

WORM (Write Once Read Many) Escribir una vez, leer muchas veces.

worst fit *(m./adj.)* Peor ajuste

WP (Word Processing/ Workspace Pointer) Procesamiento de Texto.

WPM (Words Per Minute) Palabras Por Minuto.

WR (Working Register) Registro de Trabajo.

wrap *(v)* Acomodar

wrap-around *(m./adj.)* Retorno del cursor

write protect notch *(f./adj.)* Pestaña de protección contra escritura

write protection *(f./adj.)* Protección contra escritura

WRU (Who are you-character) Tipo de carácter.

WS (Workspace/ Working Storage/ Work Store) Espacio de trabajo/ Memoria de Trabajo.

WV (Working Voltage) Tensión de Trabajo.

WWB (Wire Wrap Board) Tarjeta en Técnica Wire Wrap.

WXTRN (Weak External Reference) Referencia externa de pico.

WYSIWYG (What You See Is What You Get) Lo que ves es lo que obtienes.

X

X (Axis) Eje X

X.25 (Router) Encauzador X.25

X_Y plotter Trazador, registrador en coordenadas cartesianas

XDS (Data System) Sistema de Datos XE-ROX

XENIX Sistema Operativo.

XGA (Extended Graphics

XMIT (Transmit) Transmitir.

XMS (Extended Memory Specification) Especificación de Memoria Extendida.

XNOR (Exclusive NOR) Puerta NOR exclusiva.

XOFF Transmisión Desactivada OFF.

XON Transmisión Activada ON.

XOR (Exclusive OR) Puerta OR exclusiva

XPT (External Page Table) Tabla de

páginas externas.

XR (External Reset) Puesta a cero externa.

XTAL (Crystal) Cristal de cuarzo.

XT-PC (XT Personal Computer) *(f)* Computadora Personal XT.

X-Y (Plotter) Trazador.

Y

yellow Pages *(f./adj.)* Páginas amarillas.

Yield *(adj)* Rendimiento.

Yield *(v)* Rendir, producir.

Z

zap *(v)* Borrar, suprimir.

zero *(m)* Cero.

zero set *(f./adj.)* Puesta a cero.

Zip *(m./adj.)* Formato de compresión de archivos *(v)* comprimir.

zip drive *(m./adj.)* Dispositivo removible para almacenamiento de datos.

zipped *(adj)* Comprimido.

zoom *(f)* Ampliación; *(v)* Ampliar, aumentar.

zoom out *(v)* Reducir.

CONOCIENDO NUESTRA COMPUTADORA

Una computadora u Ordenador es un dispositivo mecánico o electrónico que realiza funciones complejas como contar, calcular, efectuar funciones lógicas, trabajando con información concreta y empleando palabras, imágenes y sonidos. Esta información se procesa, se emite para luego ser interpretada.

Los Componentes de una Computadora

Hardware: Es el conjunto físico de todos los dispositivos y elementos internos y externos de una computadora.

Microprocesador: Es un circuito integrado cuya una unidad central de proceso (CPU) y el un conjunto de elementos lógicos, permiten enlazar otros dispositivos como memorias y puertos de entrada y salida (I/O), formando un sistema completo para cumplir con una aplicación específica dentro del mundo real.

Unidad Central del Proceso: Es el cerebro de la computadora que se compone de Unidad Aritmética, Lógica y de Control; trabajando en base a un reloj maestro que coordina la ejecución de todas las operaciones que realiza el microprocesador.

Tarjeta Principal o Motherboard (Tarjeta Madre): Se le llama así porque todos los componentes de la computadora se comunican a través de ella. Es una tarjeta o placa principal que soporta la infraestructura de comunicación interna, es decir, los circuitos electrónicos (buses) por donde viajan los datos y donde residen algunos componentes internos de la computadora.

El Coprocesador Matemático o Numérico: Es un microprocesador de instalación opcional que auxilia y acelera la velocidad con que una computadora puede responder a necesidades tan sofisticadas.

La Memoria: La memoria proporciona una de las principales funciones de la computación moderna, la retención o almacenamiento de información. Su unidad de almacenamiento es el BYTE que es la capacidad de almacenar un caracter: una letra, número o cualquier símbolo.

Cinta de Respaldo: Cintas parecidas a las de cassette de audio y pueden almacenar desde 20 Mbytes hasta 2 Gigabytes o más. Son medios de almacenamiento muy económicos y sobre todo muy rápidos, ya que pueden almacenar todo un disco duro en un pequeño cassette en unos cuantos minutos.

Disco Duro: Es el sistema de almacenamiento más importante de la computadora y en el se guardan los archivos de cualquier aplicación, software o archivo.

CD-ROM: Es un disco compacto utilizado para almacenar información no volátil, el mismo medio utilizado por los CD de audio, puede ser leído por un computador con lectora de CD. Su capacidad tiene un mínimo de 500 Mbytes

Fuente de Poder: Su función es convertir la corriente alterna que viene de la calle en los diferentes niveles de voltaje de corriente cotínua necesarios para que los componentes de la computadora funcionen.

Dispositivos de crecimiento: Son las puertas que están listas para recibir la conexión de cualquier otro aparato o tarjeta que permita ampliar las capacidades de trabajo de una computadora por medio de las ranuras de expansión y los puertos.

Dispositivos de Entrada de Información: Son los que permiten al microprocesador la obtención de la información e instrucciones a seguir en determinado momento. Gracias a ellos, nosotros podemos comunicarnos con la computadora. Entre los más utilizados se encuentran: teclado, monitor, mouse, impresora, scanner, cámara digital, etc.

El Teclado: Se utiliza para darle instrucciones concretas al microprocesador a través de un lenguaje escrito.

El Ratón: Este dispositivo permite simular el señalamiento de pequeños dibujos o localidades como si fuera hecho con el dedo índice, por intermedio de una flecha o "cursor" que se refleja en la pantalla, para señalar elementos, escogerlos, tomarlos o cambiarlos de lugar.

Scanner: Es una fuente de luz para iluminar el objeto escaneado. La luz, al incidir sobre este objeto, es reflejada al CDD (Charged Coupled Device). El CDD colecta la información y convierte la señal analógica en señales digitales que después pueden ser leídos y procesados por la electrónica interna del Scanner y posteriormente por el ordenador.

Micrófono: La voz se puede registrar mediante una tarjeta instalada específicamente para convertir la voz en bit.

Monitor: Es un dispositivo de salida que, mediante una interfaz, muestra los resultados del procesamiento de una computadora.

Impresora: Es un periférico de ordenador que permite producir una copia permanente de textos o gráficos de documentos almacenados en formato electrónico, imprimiéndolos en medios físicos, normalmente en papel o transparencias, utilizando cartuchos de tinta o tecnología láser.

SISTEMA DOS

DOS (Disk Operating System) es una familia de sistemas operativos para PC. Existen varias versiones de DOS. El más conocido de ellos es el MS-DOS, de Microsoft

Con la aparición de los sistemas operativos gráficos, del tipo Windows, en especial aquellos de 32 bits, del tipo Windows 95, el DOS ha ido quedando relegado a un segundo plano, hasta verse reducido al mero intérprete de órdenes, y a las líneas de comandos (en especial en ficheros de tipo .PIF y .BAT), como ocurre en los sistemas derivados de Windows NT.

NORMAS DE COMPORTAMIENTO EN INTERNET

1.- Respeta a las demás personas en internet, son seres humanos como tú.

2.- Compórtate en la Red con ética y como lo harías en el mundo real.

3.- Sé consciente de en que espacio de la Red estás y compórtate y respeta las reglas de cada sitio.

4.- Cuando estés en un foro público, en un debate, un weblog o un chat trata de caer bien, no te dediques a insultar a otros usuarios, aunque tu nombre puede ser anónimo eso no te da derecho a insultar a otras personas.

5.- Comparte el conocimiento con las demás personas. Si tienes dudas pregunta a un experto en un chat, foro; para que otras personas que tengan dudas se benefician por igual.

6.- Ayuda a mantener la calma en cuanto a controversias que se generan en los chats o foros, trata de calmar a las partes involucradas.

7.- Respeta la privacidad de los usuarios. Si tienes o sabes alguna clave de acceso de una persona no lo hagas, es de mala ética, y además un delito.

8.- No abuses de las ventajas del conocimiento que puedas tener. Trata de que otras personas que no tengan tanto conocimiento puedan avanzar a un nivel mas alto, para todos poder disfrutar de las ventajas de la red.9.- Disculpa los errores que otras personas nuevas en Internet puedan tener, explicales la forma correcta y se amable.10- Recuerda que el uso de la red no es un derecho, es un privilegio que puede ser temporalmente revocado por una conducta abusiva.

SIMBOLOS OMITIDOS EN ALGUNOS TECLADOS

Los signos de esta tabla se obtienen en Windows pulsando al mismo tiempo la tecla Alt más los números indicados en el teclado numérico

—	alt+0151	°	alt+248	☺	alt +1	•	alt +7
–	alt+0150	€	alt+0128	▓	alt +178	⊣	alt +185
¿	alt+0191	¢	alt+0162	±	alt +241	≈	alt +247
¡	alt+0161	£	alt+0163	☻	alt +2	▫	alt +8
á	alt+160	½	alt+171			alt +179	‖	alt +186
é	alt+130	¼	alt+172	≥	alt +242		
í	alt+161	¾	alt+190	≤	alt +243	○	alt +9
ó	alt+162	©	alt+0169			⫟	alt +187
ú	alt+163	®	alt+0174	♥	alt +3	√	alt +251
ñ	alt+164	™	alt+0153	♦	alt +4	◉	alt +10
Ñ	alt+165	§	alt+0167	♣	alt +5	⫞	alt +188
ü	alt+129	†	alt+0134	♠	alt +6	n	alt +252
«	alt+174	‡	alt+0135	⊣	alt +180		
»	alt+175	±	alt+0177	⊨	alt +181	♂	alt +11
"	alt+0147	~	alt+126	⌠	alt +244	♀	alt +12
"	alt+0148	µ	alt+486			⫟	alt +189
'	alt+0145	÷	alt+0759	⫟	alt +183	²	alt +253
'	alt+0146	·	alt+249	⌡	alt +245	⫟	alt+190
…	alt+0133	@	alt+ 64			■	alt +254
ª	alt+166	•	alt+0149	⫟	alt +184	♪	alt +13
º	alt+167	Ø	alt+0216	÷	alt +246	⌐	alt +191

Símbolos Omitidos en Algunos Teclados

Ɔ	alt +390	§	alt +21	↔	alt +29	}	alt +125
♫	alt +14	╟	alt +199	⊥	alt +207	{	alt +123
L	alt +192	□	alt +20000	▲	alt +30		
Ø	alt +510			⊥⊥	alt +208	¬	alt +170
☼	alt +15	─	alt +22	▼	alt +31	Δ	alt +235
⊥	alt +193	╚	alt +200	╥	alt +209	∞	alt +236
ó	ALT+511	□	alt +30000	ä	alt +132	φ	alt +237
►	alt +16	↕	alt +23	Pts	alt +158	¡	alt +173
◄	alt +17	╔	alt +201	µ	alt +230	ε	alt +238
┬	alt +194	↑	alt +24	ë	alt +137	‰	alt+0137
∀	alt +580	╨	alt +202	ƒ	alt +159	∩	alt +239
├	alt +195	↓	alt +25	τ	alt +231	ς	alt +987
ζ	alt +950	╥	alt +203	ï	alt +139	Ć	alt +262
↕	alt +18	í	alt +161	ª	alt +166	Ɛ	alt +400
□	alt +2000			Φ	alt +232		
‼	alt +19	→	alt +24	ö	alt +148	-	alt +800
†	alt +9000	╟	alt +204	º	alt +167	{	alt +123
¶	alt +20	←	alt +27	Θ	alt +233	}	alt +125
╞	alt +198	=	alt +205	¿	alt +168			alt +124
□	alt +10000	└	alt +28	⌐	alt +169	~	alt +126
		╫	alt +206	Ω	alt +234	⌂	alt +127

107

ABREVIACIONES COMUNES EN CHATS

Nota: Utilizamos "*****" para expresar una grosería o mala palabra.

AFAIK: "As Far As I Know" Por lo poco que sé, por lo que me he enterado hasta ahora.

AFK: "Away Fron Keyboard" Lejos del teclado.

-AOL: America On Line. Compañía de Internet por modem en USA.

ASL: "Age/Sex/Location" Edad/Sexo/Lugar (ciudad o país)

-BBL: "Be Back Later" Volveré mas tarde.

-BRB: "Be Right Back" Vuelvo enseguida.

-BS: "Bull "*****" Palabra literalmente traducida a excremento de buey que es utilizada cuando no se cree en algo, algo es mentira y no lo aceptamos.

CU: "See You" Nos vemos.

CYA: "See Ya" Como CU pero más informal.

FKU: ""*****" You" ¡Que te "*****"!

GG: Good Game.

-GJ: "Good Job" ¡Buen trabajo!

GJ: Buen trabajo.

GR8: Great

-IMHO: "In My Humble or Honest Opinion" En mi humilde u honesta opinion.

JK: "Just Kidding" Estoy bromeando.

-L8ER: "Later" ¡Hasta luego!

LO: "Hello" Hola

-LOEV, LUV, LUB, LURB: "Love" Amor.

LOL: "Laugh Out Loud" Riéndose a carcajadas. Forma abreviada de escribir repetidas veces jajaja…

-N1: "Nice One" ¡Buena!

-NP: "No Problem" De nada. No hay problema.

NP: "No Problem" No hay problema.

-NS: "Nice Shot" ¡Buen tiro!

OMFG: "Oh My "*****"   GOD". ¡Oh mi "*****" Dios!

OMG: "Oh My God" Oh Dios mío

ROFL, ROTFL: "Rolling On the Floor Laughing" Rodando de risa por el piso.

-RTFM: "Read The ******* Manual" ¡Lee el "*****" manual!

RTFM: Read The "*****"   Manual. Lee el "*****"   manual.

-STFU: "Shut The "*****" Up" ¡Callate la **** boca!

-THX: "Thanks" ¡Gracias!

THX: "Thanks" Gracias.

-TIS: "It Is" Esto es.

-TY: "Thank You" ¡Gracias!

W/: "With" Con.

W: "With" Con.

-WB: "Welcome Back" Bienvenido/a otra vez.

-WO/: "Without" Sin.

WO: "Without" Sin.

WTF: "What The "*****"? ¿Qué "*****" ?

XD: Es una expresión gráfica de una sonrisa con los ojos cerrados y mostrando los dientes, girando la cabeza hacia el lado izquierdo se puede distinguir.

EMOTICONS

:) Sonrisa.

:-) Sonrisa básica.

:] Otra sonrisa.

;-) Guiñando el ojo.

XD Carcajada.

XP Sacando la lengua.

:-D Usuario riendo.

:'-D Risa con lágrima.

:o Sorpresa.

:(Triste.

:'(Tristeza con lágrima.

:-I Indiferencia.

:-> Comentario sarcástico.

>:-> Comentario diabólico.

%-) Usuario mareado.

:-^) Usuario está resfriado.

:-)^ Usuario está babeando.

:'-(Usuario está llorando.

:-@ Usuario está gritando.

:-& Usuario no puede hablar.

0:-) Usuario es un ángel.

:-X Los labios están sellados.

:-/ Usuario es un escéptico.

*:O) Usuario es un payaso.

:-9 Usuario relamiéndose los labios.

:-| Usuario no sabe qué decir.

[] Abrazos.

:* Besos.

:*** Muchos besos.

:@ Beso de tornillo.

[:-] Usuario es un robot.

8-E7 Usuario está comiéndose las uñas.

:-)" Usuario está babeando.

'':-) Usuario está sudando.

@--- Una rosa.